现代农业竞争力（Ⅱ）
——辽宁农产品出口产业竞争优势和国际市场分析

Competitiveness of Modern Agriculture (Ⅱ)
Competitive Advantage of Liaoning Province's Agricultural Products Export Industry and Analysis of International Market

刘平青 顾冰 武建 主编

北京理工大学出版社
BEIJING INSTITUTE OF TECHNOLOGY PRESS

版权专有　侵权必究

图书在版编目（CIP）数据

现代农业竞争力. II，辽宁农产品出口产业竞争优势和国际市场分析 / 刘平青，顾冰，武建主编. —北京：北京理工大学出版社，2019.7
 ISBN 978-7-5682-7136-3

Ⅰ. ①现…　Ⅱ. ①刘…　②顾…　③武…　Ⅲ. ①农产品–出口贸易–市场竞争–研究–辽宁　Ⅳ. ①F752.652

中国版本图书馆 CIP 数据核字（2019）第 120591 号

出版发行 / 北京理工大学出版社有限责任公司
社　　址 / 北京市海淀区中关村南大街 5 号
邮　　编 / 100081
电　　话 / （010）68914775（总编室）
　　　　　（010）82562903（教材售后服务热线）
　　　　　（010）68948351（其他图书服务热线）
网　　址 / http://www.bitpress.com.cn
经　　销 / 全国各地新华书店
印　　刷 / 三河市华骏印务包装有限公司
开　　本 / 710 毫米×1000 毫米　1/16
印　　张 / 11.75　　　　　　　　　　　　　　责任编辑 / 李慧智
字　　数 / 180 千字　　　　　　　　　　　　　文案编辑 / 李慧智
版　　次 / 2019 年 7 月第 1 版　2019 年 7 月第 1 次印刷　　责任校对 / 周瑞红
定　　价 / 56.00 元　　　　　　　　　　　　　责任印制 / 李志强

图书出现印装质量问题，请拨打售后服务热线，本社负责调换

《现代农业竞争力》编委会

主　任：王长宏
副主任：陈来钊　曹建华　王彦生
委　员：宋玉智　陈广鹏　董春华　唐　屹　邵明洋
　　　　朱明月　范洪凯　阴惠义　孙　欣　马　勇
　　　　张海峰　赵　勇　米　学

主　编：刘平青　顾　冰　武　建
副主编：薛　静　包特力根白乙　周艳波　刘晓光
编　者：刘福亮　唐作鹏　梁志军　王丽娟　肇恒喜
　　　　蔡菊环　程　杰　王敏杰　姜金龙　于永江
　　　　王立飞　高镇南　宫　晶　李　闯　张　轩
　　　　郭瑞莲　李　琦　李　帅　邓　鸥　马　龙
　　　　王宇辰　朱宝强　刘　娥　卫　航　杨　婉
　　　　郑　懿　聂　晶　侯　俊　齐　月　贺小琴
　　　　刘　涵　许　爽　杨　芳　崔遵康　赵　莉
　　　　刘　凡　任　格　庄超民　任　静　雷泽婧
　　　　黄伟敏

现代农业竞争力的提升,离不开情怀、执着和智慧。辽宁省不是农业大省,也不是传统意义上具有农业资源优势的省份,而辽宁省农产品出口能取得稳居国内第五名的好成绩,与相关企业、辽宁省农产品出口服务中心及相关部门持续努力和有效协作是分不开的。

近几年来,辽宁省农产品出口服务中心在省委省政府的领导下,积极响应国家振兴农业、供给侧结构改革、"一带一路"等号召,结合辽宁农产品出口的实际情况,开展了大量行之有效的工作,主要包括:出口示范区的建设,展示平台及海外仓建设(目前已在美国、韩国、迪拜建立了三个海外仓),数据库建设,组织企业参加境内外的各种展会,以及持续组织专家团队开展产业和市场研究工作,为企业出口服务和协会建设提供了各种支撑,为营造良好的出口氛围创造了便利条件。

本书就是继《现代农业竞争力——辽宁农产品出口产业竞争优势和企业成长》(经济科学出版社,2017)之后,进一步围绕辽宁省水产品、草莓产业和杂色蛤产业,以及东盟市场和日本市场形成的有价值的研究成果。本书共分为五章:

第一章介绍辽宁水产品出口贸易发展历程和演进过程,从优势、劣势、机会、威胁等角度分析了辽宁水产品出口贸易。

第二章在对全国蛤类产业发展进行概括、梳理的基础上,重点分析辽宁省杂色蛤产业的生产、贸易方面的现状和趋势,并对辽宁省杂色蛤出口产业的生产、价格、质量、营销等竞争优势做出客观的评价。

第三章对辽宁省草莓出口产业的竞争优势做出客观的评价,在全面分析草莓出口产业发展优势、劣势、机遇、风险的基础上提出提升其竞争优势的对策。

第四章介绍辽宁省出口东盟市场的农产品种类及结构，分析辽宁农产品在东盟市场发展趋势，并给出合理的建议。

第五章介绍中国农产品在日本市场现状和在日本市场发展的趋势，重点分析辽宁省农产品在日本市场的机遇、遇到的挑战以及相应的应对措施。

本书是团队合作的结果。感谢在辽宁省调研过程中，众多农产品企业负责人及管理者、市县农业部门与检疫检验部门领导和工作人员、沈阳海关工作人员、行业协会负责人等机构专家的大力支持！感谢辽宁省农业对外经济技术合作中心、辽宁省农产品出口服务中心的领导和每一位同事的悉心帮助！感谢农业农村部农业贸易促进中心多位领导的指导和帮助！但愿我们的初步思考和研究工作，能够给读者带来一点点启示。欢迎大家批评指正。

作　者
2019 年 5 月

目录

第一章　辽宁省水产品出口贸易态势分析报告 ……………… 001
- 第1节　辽宁省水产品出口贸易发展历程 ………………… 001
- 第2节　辽宁省水产品出口贸易发展演进 ………………… 004
- 第3节　辽宁省水产品出口贸易SWOT分析 ……………… 016
- 第4节　辽宁省水产品出口贸易函数的构建 ……………… 024
- 第5节　辽宁省水产品出口贸易增长的拉动因素分析 …… 029
- 第6节　辽宁省水产品出口贸易发展的政策耦合 ………… 039

第二章　辽宁省草莓产业出口监测与竞争力提升研究 ……… 048
- 第1节　草莓产业发展状况 ………………………………… 049
- 第2节　辽宁省草莓出口产业竞争力分析 ………………… 063
- 第3节　辽宁省草莓出口产业发展的SWOT分析 ………… 076
- 第4节　辽宁省草莓出口产业发展和竞争力提升的政策建议 …… 087

第三章　辽宁省杂色蛤产业出口监测与竞争力提升研究 …… 092
- 第1节　蛤类产业状况 ……………………………………… 092
- 第2节　辽宁省杂色蛤出口产业竞争力分析 ……………… 106
- 第3节　辽宁省农产品出口企业的风险防范策略 ………… 119
- 第4节　辽宁省杂色蛤出口企业发展的政策建议 ………… 129

第四章 辽宁省对东盟农产品出口市场现状、问题及应对 …… 133
第1节 中国农产品东盟市场现状分析 …………………… 133
第2节 辽宁省农产品出口东盟市场现状分析 …………… 136
第3节 辽宁省农产品出口东盟的问题、风险与应对 …… 142
第4节 对政府推进辽宁省农产品出口进程的建议 ……… 149

第五章 辽宁省对日本农产品出口市场现状、问题及应对 …… 158
第1节 日本农产品市场概况 ……………………………… 158
第2节 中国农产品日本市场现状分析 …………………… 161
第3节 辽宁省农产品日本市场现状分析 ………………… 165
第4节 辽宁省农产品出口日本的问题、风险与应对 …… 173

第一章
辽宁省水产品出口贸易态势分析报告

对于辽宁省而言，水产品既是其出口商品的重要组成部分，又是其大农业出口商品中的最大宗商品。自 2004 年以来，辽宁省水产品出口无论是数量还是金额一直居于全国前四的位次。辽宁省水产品出口从 1999 年的 29.41 万吨、4.34 亿美元增至 2016 年的 73.39 万吨、27.18 亿美元，出口数量和出口金额分别增长 2.49 倍和 6.26 倍；辽宁省水产品净出口从 1999 年的 2.68 亿美元增至 2016 年的 8.44 亿美元，为拉动省域外向型经济发展做出了重要贡献。

辽宁省政府部门非常重视水产品出口贸易，在其不同的发展阶段都采取了相应的推进策略。2016 年 2 月，辽宁省海洋与渔业厅提出将"水产品出口贸易额实现倍增，占全省大农业出口额一半以上"作为"十三五"渔业经济发展的目标之一①。2016 年 6 月，辽宁省海洋与渔业厅又提出将"大力发展外向型渔业，扩大出口创汇"作为渔业供给侧结构性改革行动的措施之一②。这是辽宁渔业技术创新和经济发展的良好契机，也是促进渔业增效和渔民增收的重要举措。

第 1 节 辽宁省水产品出口贸易发展历程

改革开放之前，受国内外政治、经济等环境影响，辽宁省水产经济主要采取封闭式、内向型、极端进口替代的贸易发展战略，对外出口贸易经

---

① 辽宁省海洋与渔业厅编制《辽宁省海洋与渔业发展"十三五"规划》（2016 年 2 月颁布）的"二、'十三五'海洋与渔业发展面临形势、指导思想和发展目标"之"（四）发展目标"。

② 辽宁省海洋与渔业厅制定《辽宁省渔业供给侧结构性改革行动计划》（2016 年 6 月 1 日颁布）的"四、政策和措施"之第七条。

历了一个异常艰难的发展过程。闭关自守的代价是如此之大，以至于直到改革开放后，水产品出口才首次超越历史峰值——1975年的1.35万吨[1]，创历史新高，继而呈现出不同的阶段性特征（如图1-1所示），主要经历了4个阶段的发展①。

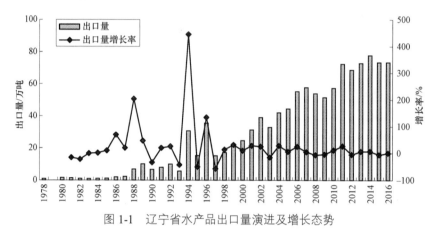

图1-1 辽宁省水产品出口量演进及增长态势

一、启动发展阶段（1978—1987年）

改革开放初期，辽宁省水产品对外贸易发展较慢，创汇规模很小。主要出口水产品依然是冻鱼、冻虾、干海带菜等粗加工的原料产品。1980年辽宁省水产品出口达到1.64万吨，创历史新高。1984年省委、省政府提出"发展辽东半岛外向型经济，进一步对外开放"的设想，同年大连市被列为全国14个沿海开放城市之一。随之，辽宁渔业把发展外向型经济作为渔业发展的战略重点，积极推进水产品进出口贸易。1985年初，国家将进出口经营权下放给地方，辽宁省沿海各地外贸公司开始自主经营进出口业务，推动了全省创汇渔业和水产品进出口贸易的发展。1986年后，按国际市场的需要，调整产品结构，发展创汇渔业，重点开发国际市场畅销、创汇价值高的对虾、扇贝、鲍鱼、裙带菜等优质养殖品种。这一阶段，辽宁省水产品出口量从1978年的0.93万吨增至1987年的2.25万吨，年均增长10.31%，取得启动性发展。

---

① 阶段划分主要内容是文献"包特力根白乙.辽宁水产品出口贸易发展轨迹、函数模拟及政策耦合[J].中国渔业经济，2014(2)：103-107"的部分研究成果，选用于本节时稍做补充和更新。

二、开拓市场阶段（1988—1993年）

1988年，国家进一步深化外贸体制改革，把部分进出口经营权直接下放给有条件的生产企业。于是，辽宁省各地相继出现工贸结合的水产品进出口公司，并且直接经营水产品出口和所需技术设备、原材料进口。从此，水产品企业有了本行业走向国际市场的窗口。随着创汇渔业的不断发展，优质品种的出口量也在明显提高。至1990年，通过采取引进技术设备、邀请国外专家现场示范指导和派出研修生出国学习等措施，出口水产品的质量和包装水平不断提高。1991年起，外贸企业走上自负盈亏、自主经营、自我发展的道路。进而，国际市场进一步拓宽，由上一阶段的日本扩大到韩国、俄罗斯、美国、加拿大、欧盟及中国香港、澳门等50多个国家和地区。这一阶段，虽有国际市场的拓展，但贸易稳定性还不强，几经波折，辽宁省水产品出口量从1988年的6.83万吨减至1993年的5.64万吨，年均减少3.75%。

三、开放经营阶段（1994—2004年）

从20世纪90年代初开始，随着对外开放的不断扩大，日本、韩国、美国、加拿大以及中国台湾、香港等国家和地区的客商纷纷来辽宁省建立合资、合作或独资企业，利用辽宁省的水产资源或者国外的来料，加工各种适合国际市场的水产品，且享有进出口自营权，进而从客观上促进了辽宁省水产品加工贸易的发展。另外，国家外贸体制的改革、外贸经营的放权，从根本上促进了辽宁省水产品外贸的发展。除水产系统外，社会上一些综合型外贸企业也大力发展水产品进出口业务，开放型渔业得到大力发展，促进了外向型渔业经济的高度发展。1995年，"外向牵动战略"成为指导全省经济工作的"三大战略"之一。然而，1998年发生亚洲金融危机，尤其是2002年以来出现各种技术性贸易壁垒，对水产品出口造成一定的冲击。这一阶段，辽宁省水产品出口量从1994年的30.75万吨增至2004年的41.99万吨，年均增长3.16%。

四、强劲发展阶段(2005—2016年)

2005年,辽宁省水产品出口企业拓宽视野,挖掘潜力,发挥自身优势,大力发展养殖水产品出口贸易,积极开展水产品"来料进料"加工贸易,加大海外出口市场开拓力度。2006年,辽宁省启动"十一五"规划,通过"五点一线"大开发,形成沿海与内地互动的对外开放新格局,进入新的历史时期。同年起,辽宁省对外开放逐渐由第二产业拓展到第一、第三产业。尤其是2008年随着大连市八大水产品加工园区的全部启动,产业聚集合力效应逐步得到释放。2010年,有序推进涉欧水产企业的合法性认证,出口贸易保持快速增长。但是,2012年及以后受欧洲主权债务危机、美国公共债务规模扩大以及全球"货币战""贸易战"的再次升级等国际大环境影响,并受制于国内水产品原料、劳动力、运输费用等生产成本上涨,水产品出口增长速度有所下滑,近些年回稳向好发展。2016年,省内水产加工企业经过一轮"行业洗牌"呈现出一定的复苏迹象。这一阶段,辽宁省水产品出口市场扩大到100多个国家或地区,五大主要出口市场是日本、美国、欧盟、韩国和巴西,其出口量从2005年的44.38万吨增至2016年的73.39万吨,年均增长4.67%,取得强劲发展。

第2节 辽宁省水产品出口贸易发展演进

一、出口贸易位次

中国水产品出口贸易发达省份均集中在东部、南部沿海一带,由北向南依次为辽宁、山东、浙江、福建和广东5省。这些省基于各自的区位条件、资源禀赋、产业基础和竞争优势,大力发展外向型渔业,勇于开拓国际市场,取得水产品出口贸易的长足发展。在2002—2016年期间,5省水产品出口额之和,在全国水产品出口总额中的占比高达85.76%~91.57%[①]。

[①] 由《中国水产品进出口贸易统计年鉴》(各年版)算出。

由此可见，辽、鲁、浙、闽、粤 5 省在中国水产品出口贸易中发挥着主导作用，其中的每个省都处于举足轻重的地位。

改革开放以来，辽宁省水产品出口贸易规模不断扩大、结构不断优化、国际地位显著上升，已成为中国水产品贸易体系中的重要一员。自 2004 年以来，辽宁省水产品出口量在全国水产品出口总量中的占比变动处于 17.14%～18.84%；在全国各省份中的位次则一直处于前 4 位，其中 7 个年度为第 2 位、5 个年度为第 3 位、1 个年度为第 4 位。而辽宁省水产品出口额在全国水产品出口总额中的占比变动处于 12.77%～15.33%；在全国各省份中的位次则一直处于前 4 位，其中 1 个年度为第 2 位、5 个年度为第 3 位、7 个年度为第 4 位（见表 1-1）。

表 1-1 辽宁省水产品出口位次变化

年份	辽宁省		全国		辽宁省占比		辽宁省位次	
	出口量/万吨	出口额/亿美元	出口量/万吨	出口额/亿美元	出口量/%	出口额/%	出口量/位	出口额/位
2004	41.99	10.42	242.05	69.66	17.35	14.96	4	3
2005	44.38	11.16	256.82	78.88	17.28	14.15	2	3
2006	55.20	13.14	301.51	93.59	18.31	14.04	2	3
2007	57.72	14.94	306.36	97.43	18.84	15.33	2	2
2008	53.94	16.04	301.04	106.14	17.92	15.11	2	3
2009	51.54	15.85	296.51	107.95	17.38	14.68	2	3
2010	57.24	18.85	334.01	138.27	17.14	13.63	2	4
2011	72.33	24.07	391.24	177.92	18.49	13.53	2	4
2012	68.58	24.34	380.20	190.02	18.04	12.81	3	4
2013	72.91	25.87	395.90	202.63	18.42	12.77	3	4
2014	77.80	28.91	416.33	216.98	18.69	13.32	3	4
2015	73.39	27.68	406.02	203.32	18.08	13.61	3	4
2016	73.39	27.18	423.76	207.37	17.32	13.11	3	4

资料来源：根据《中国水产品进出口贸易统计年鉴》（历年版）整理并算出。

显而易见，近些年辽宁省水产品出口贸易，其出口量和出口额两者的占比跌宕起伏，前景仍存变数。然而，两者的位次却基本趋于稳定，前者稳定于第 3 位，而后者则稳定于第 4 位。经过测算可知，辽宁省水产品出口量的年均增速为 4.76%，远低于其出口额的年均增速 8.31%。另一方面，辽宁省水产品出口量、出口额两者的年均增速均低于全国的年均增速4.77%和9.51%。故而，在水产品出口方面，力求稳中有进、稳中提质、稳中向好，将是辽宁政界、业界、学界的后续践行目标和主攻方向。可以说，政府在海洋与渔业发展"十三五"规划以及渔业供给侧结构性改革行动计划中所制定的水产品出口目标与定位正是对此调研结果不谋而合的印证，亦是具有战略意义的政策导向。

二、出口贸易市场

辽宁省水产品出口贸易市场，从1999年的59个国家（地区）增至2016年的106个国家（地区）。进而，从原来涉足的5大洲扩至6大洲，对外贸易往来呈现出愈加扩大之势。经过统计分析发现，辽宁省出口水产品的洲际分布特征明显，经济发展迅速而不平衡的亚洲是辽宁省水产品出口贸易的重心所在，这在很大程度上得益于地缘优势。虽然亚洲水产品进口量和进口额在辽宁省水产品出口总量、出口总额中的比率均已降至一半左右，但是依然维持在39.21%和43.45%；其次是经济发达的北美洲，其2013年水产品进口量和进口额分别比1999年增加了5.25倍、11.92倍，占比达18.42%和23.74%；再次是发达国家最多且经济发展居于前列的欧洲，其2013年水产品进口量和进口额分别比1999年增加了6.19倍、12.67倍，占比达19.23%和18.31%；而距辽宁省遥远、经济规模狭小而落后的拉丁美洲，其水产品进口贸易从无到有，2013年进口量和进口额分别达到辽宁省水产品出口总量、出口总额的11.41%和8.59%；又距辽宁省遥远、经济规模狭小而落后的非洲，其进口贸易发展显著，2013年进口量和进口额分别占辽宁省水产品出口总量、出口总额的8.73%和1.56%；最后距离辽宁省遥远、经济较发达但规模狭小的大洋洲，其2013年进口量和进口额却只占辽宁省水产品出口总量、出口总额的0.41%和0.74%（见表1-2）。

表1-2 辽宁省水产品出口的洲际分布演进

区域	年份	出口量		出口额	
		绝对值/万吨	比重/%	绝对值/亿美元	比重/%
亚洲	1999	24.68	83.91	3.43	79.03
	2013	27.52	39.21	11.13	43.45

续表

区域	年份	出口量 绝对值/万吨	出口量 比重/%	出口额 绝对值/亿美元	出口额 比重/%
欧洲	1999	2.18	7.41	0.37	8.52
	2013	13.50	19.23	4.69	18.31
非洲	1999	0.03	0.10	0.003	0.08
	2013	6.13	8.73	0.40	1.56
大洋洲	1999	0.04	0.15	0.02	0.48
	2013	0.29	0.41	0.19	0.74
北美洲	1999	2.46	8.36	0.51	11.75
	2013	12.93	18.42	6.08	23.74
拉丁美洲	1999	0	0	0	0
	2013	8.01	11.41	2.20	8.59
总计	1999	29.41	100.00	4.34	100.00
	2013	70.18	100.00	25.61	100.00

资料来源：由农业部渔业局《1999 年中国水产品进出口贸易统计资料》《2013 年辽宁省水产品对外贸易情况统计分析》（http://www.sz0429.com/news/1795.html）算出。

另一方面，在与世界诸多国家和地区的水产经贸往来中，辽宁省水产品出口量的 75.89%销往世界高收入国家和地区，只有 24.11%销往世界中低收入国家；而辽宁省水产品出口额的 84.65%来自世界高收入国家和地区，仅有 15.35%来自世界中低收入国家。可见，高收入国家和地区不仅进口量大而且进口额也高。世界高收入国家和地区经济规模巨大、国民收入大为可观，有必要大量进口经济生产和国民生活需要且本国不能生产或生产不如进口的水产品。可见，高收入国家和地区的水产品市场潜力巨大，加之这些国家和地区与中国，在渔业经济、水产资源禀赋方面具有较大的互补性，因而成为辽宁省水产品对外出口的主要贸易伙伴。

三、出口贸易方式

辽宁省出口水产品主要以进料加工贸易、一般贸易、来料加工贸易方式[①]

---

① 进料加工贸易方式是指用外汇购入国外原料水产品，利用本国企业的技术、设备和劳力，加工成成品后，销往国外市场的贸易方式；来料加工贸易方式是指加工一方由国外另一方提供原料水产品和包装材料，按照双方商定的质量、规格、款式加工成成品，交给对方，自己收取加工费的贸易方式；一般贸易方式是指本国境内有水产品进出口经营权的企业单边进口或单边出口的贸易方式。

销往国外目标市场。其中，进料加工贸易方式出口额从 2008 年的 7.35 亿美元增至 2016 年的 13.43 亿美元，年均增长 7.82%；一般贸易方式出口额从 2008 年的 3.58 亿美元增至 2016 年的 11.22 亿美元，年均增长 15.34%；来料加工贸易方式出口额从 2008 年的 2.42 亿美元减至 2016 年的 2.32 亿美元，年均增长 -0.52%。水产品加工贸易方式出口额在全省水产品出口总额中的占比从 2008 年的 72.37% 降至 2016 年的 58.40%。虽然加工贸易方式出口比例显著下降，但依然是辽宁水产品出口贸易的最主要方式。这得益于辽宁省水产业的改革开放，以及与 20 世纪 80—90 年代日本、韩国等水产先进国家的水产加工企业向辽宁大地进军之节拍的相吻合。

对于辽宁省来说，水产品加工贸易促进了其渔业结构的调整、升级和优化，推动了其水产加工业的技术进步，已成为吸引和利用外资的重要方式，并对解决本省劳动力就业具有积极意义。同时，水产品加工贸易也是辽宁省水产业融入全球水产品生产、流通、加工网络，并参与全球水产业重新分工的重要途径。可喜的是，辽宁省境内生产的水产品或从国内异域运进的水产品的竞争力显著提升，促使一般贸易方式出口水产品增速加剧，使其在未来几年内可望取代其他加工贸易出口方式的地位。

四、出口品种结构

辽宁省水产品出口贸易品种从 1999 年的 96 种增至 2004 年的 102 种，2016 年再增至 153 种，品种数量增幅较大。从贸易品种的出口额看，1999 年的"十大出口品种"中每个品种的年出口金额均在 1 100 万美元及以上；而 2004—2016 年每年的"十大出口品种"中每个品种的年出口金额则升至 2 503 万美元及以上。每年"十大出口品种"的具体品种共有 28 个，分别是：其他冻鱼片；未列名活、鲜、冷软体及水生无脊椎动物（鲍鱼除外）；干的裙带菜；未列名冻鱼；未列名冻干盐腌渍软体及水生无脊椎动物等；冻、干、盐腌或盐渍墨鱼及鱿鱼；其他冻蟹；冻、干、盐腌或腌渍扇贝；其他制作或保藏软体动物等水生无脊椎动物；海蜇；未冻的梭子蟹；未列名鲜、冷鱼；其他活鱼；其他裙带菜；其他绞碎制作或保藏的鱼；冻鱼肉；制作或保藏的小虾及对虾；制作或保藏的蟹；干、熏腌或盐渍的鱼片（熏制除外）；活、鲜、冷蛤（种苗除外）；蛤；未列名制作或保藏的鱼；整条或切块；制作或保藏的蛤；冻狭鳕鱼鱼片；冻比目鱼（鲽科、鲆科、舌鳎科、菱鲆科、刺鲆科）鱼片；冻鳕鱼（大西洋鳕鱼、太平洋鳕鱼、格陵兰鳕鱼）鱼片；冻大马哈鱼、大西洋鲑鱼及多瑙哲罗鱼的鱼片；干、盐腌或腌渍犀鳕科、多丝真鳕科、鳕科、长尾鳕科、黑鳕科、无须鳕科、深海鳕科及南极鳕科。见表1-3之（1）～（3）。其中，只有"其他冻鱼片"和"冻、干、盐腌或盐渍墨鱼及鱿鱼"2个品种持续14年名列榜中，维持住了"十大出口品种"之位次。值得指出的是，前者是精深加工水产品，而后者则是初级加工水产品。

辽宁省水产品出口贸易"十大出口品种"的演进呈现出两个特征：一是原料水产品的地域性明显——裙带菜、墨鱼、鱿鱼、扇贝、海蜇、梭子蟹、对虾、蛤等都是辽宁省域的"名特优新"水产品①；二是加工水产品的技术含量升高——以2012年为分水岭，辽宁省出口加工水产品的技术含量显著提升，"十大出口品种"中呈现出"冻狭鳕鱼鱼片""冻比目鱼（鲽科、鲆科、舌鳎科、菱鲆科、刺鲆科）鱼片""冻鳕鱼（大西洋鳕鱼、太平洋鳕鱼、格陵兰鳕鱼）鱼片""冻大马哈鱼、大西洋鲑鱼及多瑙哲罗鱼的鱼片"和"其他冻鱼片"5个品种，不仅品种数量上占据"十大出口品种"之一半，而且出口金额上也处于较高位次，每年的5个鱼片品种的出口金额均在9 002万美元及以上。这得益于辽宁省水产品加工技术的长足发展，以及水产品出口品种的调整力度和结构升级。

五、出口运行渠道

贸易运行渠道是指通过贸易活动商品从生产领域向消费领域转移所经过的流转路线或途径、环节，所经过的各种经济组织的总和[2]。按照贸易运行渠道的含义，辽宁省水产品出口运行渠道是由出口水产品的转移流转途径，以及原料水产品供应管理、水产品加工管理、水产品物流管理、水产品贸易管理等环节，出口侧的水产系统企业、综合型外贸企业，进口侧的国外进口企业及其他经济组织所构成的（如图1-2所示）。其中，原料水产品供应管理环节涵盖来自省域渔业企业生产和异域渔业企业生产的水产

---

① "名特优新"水产品中，"名"是指有名气或是名牌、品牌；"特"是指当地的特产；"优"是指产品质量优、品质好；"新"是指新颖、有特点，或是新技术、新科技培育出的产品。

表 1-3 辽宁省水产品出口品种数量、金额演进（1）

（单位：百万美元，百吨）

年份		1999	2004	2005	2006	2007	2008	2009	2010	2011	2012	2013	2014	2015	2016
其他冻鱼片	数量	463.77	1 177.11	1 590.02	2 079.07	2 381.68	2 413.32	2 150.52	2 540.90	3 083.39	275.76	225.04	247.97	231.83	233.84
	金额	86.27	254.95	372.82	510.36	621.38	673.18	663.56	824.32	1 064.74	109.40	91.41	103.59	90.02	90.91
未列名活、鲜、冷软体及水生无脊椎动物（鲍鱼除外）	数量	519.75	589.63	298.61											
	金额	55.14	117.03	39.62											
干的裙带菜	数量	358.18	77.51	81.16	89.73	78.12	73.67		85.89						
	金额	41.97	29.77	32.43	36.13	42.21	40.74		57.58						
未列名冻鱼	数量	757.46			750.57										
	金额	27.98			35.95										
未列名冻干盐腌渍软体及水生无脊椎动物等	数量	69.05													
	金额	24.42													

续表

年份		1999	2004	2005	2006	2007	2008	2009	2010	2011	2012	2013	2014	2015	2016
冻、干、盐腌或盐渍墨鱼及鱿鱼	数量	95.82	143.22	136.67	148.21	147.50	130.69	150.64	173.92	199.87	165.13	168.08	175.85	192.62	202.23
	金额	23.99	37.29	39.94	35.83	39.48	46.85	59.59	88.06	104.81	93.00	86.09	80.41	89.84	114.37
其他冻蟹	数量	41.80													
	金额	18.41													
冻、干、盐腌或腌渍扇贝	数量	27.58		41.38	54.23	67.54			66.98	67.76	45.90	67.98	80.24	77.18	71.92
	金额	15.20		29.64	33.44	42.30			58.07	61.41	60.97	95.54	124.65	125.93	110.76
其他制作或保藏软体动物等水生无脊椎动物	数量	27.77	199.53	286.38	245.92	269.79	230.79	182.15	152.28	187.28					
	金额	12.45	72.99	122.63	115.09	121.81	139.18	124.38	118.02	159.08					
海蜇	数量	23.08													
	金额	11.00													

资料来源:《中国水产品进出口贸易统计年鉴》(各年版)。

表 1-3　辽宁省水产品出口品种数量、金额演进（2）

（单位：百万美元，百吨）

年份		1999	2004	2005	2006	2007	2008	2009	2010	2011	2012	2013	2014	2015	2016
未冻的梭子蟹	数量		88.96												
	金额		71.74												
未列名鲜、冷鱼	数量		366.55												
	金额		61.68												
其他活鱼	数量		80.24	74.37											
	金额		28.02	29.56											
其他裙带菜	数量		238.06												
	金额		25.71												
其他绞碎制作或保藏的鱼	数量		109.86	164.36	230.55	218.53	253.73	223.75	200.01	197.04					
	金额		25.03	41.23	54.69	43.10	59.02	55.34	47.92	56.98					
冻鱼肉	数量			99.73	108.77	88.43		92.31	110.61						
	金额			31.30	38.80	40.02	35.33	46.94							
制作或保藏的小虾及对虾	数量			55.96	81.79	83.68	66.29	52.24	67.76	67.03					
	金额			29.94	49.53	58.72	53.24	42.28	54.13	61.72					

续表

年份		1999	2004	2005	2006	2007	2008	2009	2010	2011	2012	2013	2014	2015	2016
制作或保藏的蟹	数量				72.17										
	金额				35.42										
干、熏腌或盐渍的鱼片（熏制除外）	数量					136.43	177.04	154.52	213.14	236.55					
	金额					51.13	73.33	66.06	90.04	104.39					

资料来源：《中国水产品进出口贸易统计年鉴》（各年版）。

表1-3 辽宁省水产品出口品种数量、金额演进（3）

（单位：百万美元、百吨）

年份		1999	2004	2005	2006	2007	2008	2009	2010	2011	2012	2013	2014	2015	2016
活、鲜、冷蛤（种苗除外）	数量					375.64	348.90	376.10	519.43	768.74	777.24	758.62	845.87	844.45	760.43
	金额					40.60	43.72	50.93	67.22	90.42	109.70	118.43	136.52	136.93	114.24
蛤	数量					124.63	146.72	163.79	212.19						
	金额					39.77	51.10	50.45	65.97						
未列名制作或保藏的鱼、整条或切块	数量						72.10								
	金额						37.98								

• 辽宁省水产品出口贸易态势分析报告 •

续表

年份		1999	2004	2005	2006	2007	2008	2009	2010	2011	2012	2013	2014	2015	2016
制作或保藏的蛤	数量									247.37	330.83	356.32	361.35	376.81	433.55
	金额									76.95	106.85	118.46	120.14	114.32	126.23
冻狭鳕鱼鱼片	数量										1 345.00	1 499.31	1 215.93	1 058.99	977.98
	金额										315.78	349.62	308.88	281.85	238.05
冻比目鱼（鲽科、鲆科、舌鳎科、菱鲆科、刺鲆科）鱼片	数量										522.08	553.83	630.44	611.60	580.31
	金额										239.82	250.95	252.16	239.39	239.19
冻鳕鱼（大西洋鳕鱼、太平洋鳕鱼、格陵兰鳕鱼）鱼片	数量										272.01	303.73	379.18	389.12	418.25
	金额										142.48	143.80	187.30	203.03	215.89
冻大马哈鱼、大西洋鲑鱼及多瑙哲罗鱼的鱼片	数量										223.54	304.14	462.19	387.33	453.59
	金额										140.13	172.01	257.49	231.59	254.48
干、盐腌或腌渍犀鳕科、多丝真鳕科、鳕科等*	数量										210.07	275.98	271.20	240.50	265.58
	金额										92.52	116.20	122.87	109.29	102.66

资料来源：《中国水产品进出口贸易统计年鉴》（各年版）。

注：*该项品种全称为"干、盐腌或腌渍犀鳕科、多丝真鳕科、鳕科、长尾鳕科、黑鳕科、无须鳕科、深海鳕科及南极鳕科"。

品的经营管理；水产品加工管理环节包括一般加工、进料加工和来料加工水产品的经营管理；水产品物流管理环节包括国际机场、海运以及其他物流方式流转的水产品的经营管理；水产品贸易管理环节包括一般贸易方式、进料加工贸易方式和来料加工贸易方式以及其他贸易方式出口的水产品的经营管理。而水产品的转移流转途径则是由众多长短结合、纵横交错的渠道相互交织组合而成的流通网络。

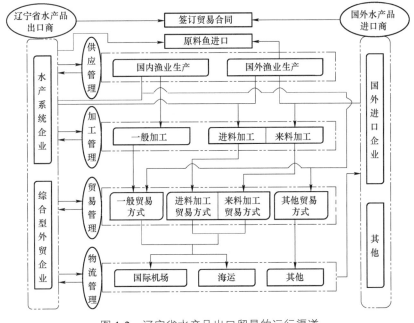

图 1-2　辽宁省水产品出口贸易的运行渠道

六、出口主要区域

辽宁省水产品出口区域有大连、丹东、绥中①、营口、盘锦等市县。其中，大连市的水产品出口规模是压倒性的，而丹东市的水产品出口亦至关重要。从绝对数值来看，大连市水产品出口从 2010 年的 42.61 万吨、15.30 亿美元增至 2013 年的 55.92 万吨、20.77 亿美元；丹东市水产品出口则从 2010 年的 9.59 万吨、2.64 亿美元增至 2013 年的 13.42 万吨、4.30 亿美元。而从相对数值来看，大连市水产品出口量、出口额在辽宁省水产品出口总

---

① 2010 年 12 月 10 日，绥中县成为辽宁省省管县制度的第一个试点县。

量、出口总额中的占比从2010年的74.44%、81.16%变为2013年的76.69%、80.28%；丹东市水产品出口量、出口额在辽宁省水产品出口总量、出口总额中的占比从2010年的16.75%、14.00%增至2013年的18.40%、16.62%。可见，大连、丹东两市的水产品出口量之和在辽宁省水产品出口总量中的占比变动处于91.19%～95.09%；而大连、丹东两市的水产品出口额之和在辽宁省水产品出口总额中的占比则变动处于95.16%～96.90%。可以断言：大连、丹东两市从今往后亦将发挥出口创汇的先导作用，并继续领跑辽宁省水产品出口贸易的发展。

第3节 辽宁省水产品出口贸易 SWOT 分析

基于经典的 SWOT 分析法，根据辽宁省水产品出口贸易行业所拥有的各种资源，分析行业内部优势与劣势以及行业外部环境的机会与威胁，进行系统评价进而可制定最佳的水产品出口经营战略。

一、优势（Strengths）

（1）原料供应充足。辽宁省渔业基础力量雄厚，生产力水平较高，水产品进口贸易发达。2016年时点，拥有渔业村657个（在各省、直辖市、自治区中居第5位，下同），渔业从业人员54.25万人（第12位）；拥有捕捞生产机动渔船2.24万艘（第11位）、总功率120.17万千瓦（第7位），远洋渔船381艘（第4位）、总功率34.31万千瓦（第4位）；水产养殖面积为99.99万公顷（第1位）。多年来，辽宁省渔业界一直致力于渔业供给侧结构性改革，优化配置和有效发挥渔业生产要素，使得省域水产品产量达到550.06万吨（第5位），运回省内的远洋捕捞水产品9.59万吨（第4位），并进口水产品104.63万吨（第2位），足以保障出口水产品的原料供应，为其水产品出口贸易的发展提供了坚实的物质基础。

（2）技术力量雄厚。辽宁省渔业科技研发力量强大，水产技术推广普及较广。拥有大连海洋大学、大连工业大学以及辽宁省海洋水产科学研究院等从事相关研究的高等院校和科研院所。2016年时点，水产技术推广机构有385家（第14位），水产技术推广实有人员达到1 056名（第15位）。渔业生产领域的科技进步及其推广扩散，通过改善传统渔业与发展新兴产业、优化和升级渔业产业结构和产品结构，进而影响着水产品出口品种结构和贸易规模；水产品流通领域的科技进步及其推广扩散，则通过先进的物流设施和信息手段，使水产品出口贸易地域范围更加扩大。另一方面，辽宁水产品加工企业数量达899家（第6位），其水产品加工能力为304.19万吨/年（第3位），水产品冷库数量为633座（第5位），加工技术装备居全国前列。上述各领域的技术力量，均为其水产品出口贸易发展提供了技术支撑并注入了强劲动力。

（3）品牌效应显现。辽宁省水产业拥有辽渔集团有限公司、獐子岛集团股份有限公司、大连棒棰岛食品集团有限公司、大连海洋岛水产集团股份有限公司、丹东泰丰食品有限公司、丹东泰宏食品集团、营口海洋食品有限公司、营口海大天然食品有限公司等行业的一批领军者和佼佼者。另一方面，辽宁渔业通过捕捞或养殖经营每年产出鳕鱼、鲭鱼、金枪鱼、鲳鱼、鳀鱼、沙丁鱼、鲅鱼、比目鱼、大菱鲆、鲽鱼、带鱼、黄鱼、鲑鱼、鳟鱼、鲀、鲤科鱼、小虾、对虾、梭子蟹、鲍鱼、蛤、鸟蛤、牡蛎、舟贝、扇贝、贻贝、螺、裙带菜、海带、紫菜、海参、海胆、海蜇、墨鱼、鱿鱼、章鱼、淡水观赏鱼等省域特色产品或大宗产品。经过多年的实践，通过业界、学界和政界的努力，辽宁大地涌现出"远洋""獐子岛""棒棰岛""海洋岛""天正河鲀""富谷""海之情""海御王""泽泰"等附着于产品之上并具有象征意义的知名商标、著名商标、驰名商标以及地理标志保护产品，形成了很强的水产资源统合能力，并显现出"创一个水产品牌，兴一个渔业产业，富一方水产经济"的品牌效应。继而，在国内外扩散出水产品牌的宣传效应、磁场效应、聚合效应、带动效应和衍生效应，在当今辽宁省水产品出口企业愈发激烈的国际竞争中发挥着积极的推进作用。

（4）物流快速便捷。辽宁省交通运输发达，物流基础设施完备。途经辽宁省境内的高速公路有20条，可与6大国际经济走廊衔接并形成陆海互动，陆桥运输费用较海上运输节省20%～25%；海运已开通世界上100多个国家和地区；国际机场有沈阳桃仙国际机场和大连周水子国际机场，其国际航线（含地区）达到66条。基于上述安全而高效的陆海空立体网络通道，形成了快速而便捷的全球水产品物流体系,促进了辽宁省水产品出口贸易的快速发展。

二、劣势(Weaknesses)

(1)出口行业抵御风险能力脆弱。辽宁省出口水产品,虽然流向世界6大洲的100多个国家或地区,但是主要集中于日本、美国、韩国、巴西、德国、加拿大、波兰、俄罗斯和中国香港等国家或地区的市场,况且这一出口发展趋势在从今往后很长时期内也是难以改变的。而这些国家或地区易于受国际经贸环境的影响,当出现不稳定或不确定因素时,因辽宁省出口目标市场过度集中而诱致收益或代价的不确定性,进而可能产生经济风险①而带来整个出口行业的损失,同时削弱出口行业的抵御国际市场风险的能力。

(2)认证意识淡薄,认证能力低下。自20世纪90年代起,中国开始关注HACCP(危害分析与关键控制点),国家进出口商品检验局制定"出口食品生产建立HACCP质量管理体系导则及具体实施方案",原农业部(今为农业农村部)以HACCP为基础制定《水产品加工管理规范》,一直致力于HACCP原则规范化。然而,到2016年3月为止辽宁省域915家水产品加工企业[3]中只有219家获得输美HACCP认证[4],认证率仅为23.93%。更有甚者,对于某些国家出口水产品仅按照HACCP操作还不够,还要应对其他检验标准、卫生注册、通关程序等技术性贸易壁垒以及卫生检疫、环境标志、包装制度等绿色贸易壁垒。如欧盟要求出口水产品加工企业或捕捞加工船须通过欧盟的考核并获得注册;日本要求出口水产品不仅要符合日本《食品卫生法》,还要满足"肯定列表制度"(全称:食品中残留农业化学品肯定列表制度);韩国要求出口的部分水产品实施"先精密检验后通关"的做法等。然而,至2016年1月为止辽宁省域获得欧盟注册的水产品生产企业为210家[5],认证率仅为22.95%。另外,巴西是新兴市场国家,虽然目前辽宁省对巴西出口水产品的市场占有率相对较大且有很大的潜力,但是截止到2015年4月获得巴西注册的辽宁水产加工企业为55家,

---

① 经济风险是指在生产和销售等经营活动中由于受各种市场供求关系、经济贸易条件等因素变化的影响或经营者决策失误,对前景预期出现偏差等导致经营失败的风险。

认证率仅为 6.03%。可见，辽宁省域水产品加工企业认证意识淡薄且认证能力低下，严重束缚了水产品对外出口贸易的发展。

（3）养殖产品规模经济尚未形成。辽宁省水产养殖业比较发达，海水养殖的鲈鱼、河豚、鲆鱼、鲽鱼、南美白对虾、中国对虾、日本对虾、梭子蟹、牡蛎、鲍、螺、蚶、贻贝、扇贝、蛤、蛏、海带、裙带菜、紫菜、海参、海胆、海蜇等，以及内陆养殖的青鱼、草鱼、鲢鱼、鳙鱼、鲤鱼、鲫鱼、鳊鱼、泥鳅、鲶鱼、鮰鱼、黄颡鱼、鲑鱼、鳟鱼、观赏鱼、南美白对虾、河蟹等至少有 47 个品种的养殖产业早已形成一定的生产规模。其中，出口创汇的养殖水产品为鲀、鲆鱼、鲽鱼、南美白对虾、中国对虾、日本对虾、梭子蟹、牡蛎、鲍、螺、贻贝、扇贝、蛤、海带、裙带菜、紫菜、海参、海胆、海蜇，以及青鱼、草鱼、鲢鱼、鲤鱼、鲫鱼、鲶鱼、鮰鱼、鲑鱼、鳟鱼、淡水观赏鱼等 29 个品种。然而，2016 年时点出口额 1 000 万美元及以上的养殖水产品仅为比目鱼（含鲆鱼、鲽鱼等）、对虾（含南美白对虾、中国对虾、日本对虾等）、梭子蟹、扇贝、蛤、裙带菜、海胆、海蜇等至多 8 个种类的合计 11 个品种。可见，辽宁省养殖水产品在出口贸易中的拳头品种依然很少，并且养殖水产品至今未曾形成出口规模经济。

（4）行业组织尚未发挥协调作用。在沿海省份中，2016 年时点的辽宁省出口水产品平均价格（0.370 3 万美元/吨）略高于浙江（0.361 9 万美元/吨）和海南（0.351 7 万美元/吨）两省，而远低于上海（1.027 6 万美元/吨）、河北（0.694 9 万美元/吨）、江苏（0.694 2 万美元/吨）、天津（0.653 2 万美元/吨）、福建（0.627 6 万美元/吨）、广东（0.604 0 万美元/吨）、广西（0.561 6 万美元/吨）和山东（0.420 6 万美元/吨）八省（直辖市、自治区）。究其因由可能有三：一是辽宁省出口水产品中廉价的贝类品种过多，此为渔业生产结构问题；二是辽宁省部分出口品种的加工深度不够且同质化严重，此为水产品加工技术问题；三是辽宁省水产品出口行业内部出口同一品种商品的企业之间的竞相压价现象更突出，此为典型的内部压价竞销"窝里斗"问题，就是说"你报低价，我就报更低价，只要我能出口就行"。其结果，不仅严重影响了全国水产品出口行业体制的健全，还致使省域水产品出口行业经济效益受损。这一恶性竞争问题的出现深刻表明，在省域水产品出口贸易的交涉和运行阶段中，渔业协会、海洋渔业协会、海洋水产养殖协会、渔业专业合作社、水产品加工进出口协会、观赏鱼协会等渔业中介组织的行业协调和秩序规范作用尚未得到充分发挥和深度应用。

三、机会（Opportunities）

（1）政府的政策设计和制度安排以及发展规划。辽宁省水产品出口企业除共享国家税收方面的一系列扶持政策以外，还拥有省域的多重政策支撑。辽宁政府部门非常重视水产品出口贸易，通过建设出口水产品质量安全示范区、制定金融政策支持水产品加工企业发展、强化水产品技术标准并规范其出口管理、实施提升水产品出口便利和通关效率的"三通"（通报、通检、通放）模式等政策设计及制度安排，为其水产品出口企业创造了良好的发展环境。同时，在《辽宁省海洋与渔业发展"十三五"规划》的编制、《辽宁省渔业供给侧结构性改革行动计划》的制定中均体现了水产品出口贸易的发展目标以及政策措施，为省域渔业外向型经济的可持续发展提供了坚实保障和发展机遇。

（2）"一带一路"及"辽宁自贸区"发展契机。"一带一路"倡议①是国际博弈中"合纵连横"的一个大战略，是推进经济发展的一条重要途径。辽宁省是"丝绸之路经济带"圈定的13个省份（直辖市、自治区）之一，"一带一路"建设不仅为辽宁经济全面深化改革和持续发展创造前提条件，也必然影响其水产品外贸格局，并为其寻找未来市场发展的着力点和突破口。"一带一路"沿线共有65个国家，经过多年的对外开放和经贸发展，辽宁省出口水产品已经流向其中的44个沿线国家。故而，辽宁省政界、业界和学界要凝心聚力，乘势而上，继续抓住"一带一路"倡议以及"辽宁自贸区"②建设的发展契机，巩固和发展现今存在而竞争残酷的"红海市场"的同时，应勇于开拓未知而广阔的"蓝海市场"，以抓住水产品出口新的利润增长的机缘。

（3）水产品国际市场的刚性需求增长势头强劲。消费者对食品健康问

---

① "一带一路"是"丝绸之路经济带"和"21世纪海上丝绸之路"的简称。2013年9月7日，习近平主席在哈萨克斯坦纳扎尔巴耶夫大学发表演讲时提出共同建设"丝绸之路经济带"的倡议；2013年10月3日，习近平主席在印度尼西亚国会发表演讲时又提出共同建设21世纪"海上丝绸之路"的倡议。

② "辽宁自贸区"是"中国（辽宁）自由贸易试验区"的简称。2017年4月1日挂牌，涵盖3个片区，分别是大连片区（含大连保税区、大连出口加工区、大连大窑湾保税港区）、沈阳片区和营口片区。

题愈来愈关注,而水产品尤其是海水产品具有高蛋白、低脂肪、多维营养、少有污染、健身补脑等特点,不仅能满足人们的营养需求,更能满足其对健康的渴望。21 世纪之初,联合国粮农组织(FAO)曾经预测:未来 30 年间,全球渔业产量、水产品总消费量、食物需求及每人年均食物消费量均会增长,但是年增率会渐趋下降[6]。这一预测已被近 16 年的事实所印证,水产品流通及贸易愈发呈现出全球化发展趋势,各国消费者对水产品的需求亦显露出一定的刚性,需求量总体上趋向回稳升高。同时,辽宁省的水产品出口贸易数量增长 2.33 倍、金额增长 5.32 倍,取得了长足的发展。时下,还应看到欧洲、拉丁美洲以及东盟水产品需求仍在增长的有利因素。故而,辽宁省水产品出口贸易应紧紧抓住水产品需求强劲增长的这一历史机遇期,优化升级出口商品结构,持续扩张出口市场规模。

四、威胁(Threats)

(1)来自异国他省的强有力竞争。辽宁省水产品出口核心竞争力得到一定的提升,其市场占有率不断扩大。然而,依然面临着来自异国他省的巨大冲击和多维挑战。一方面,世界主要渔业发达国家都非常重视外向型渔业经济的发展,进而加剧了水产品出口竞争。辽宁省水产品出口贸易直面印度、越南、泰国等国家的巨大冲击。其中,印度水产品产量位居世界第 3 位(2015 年,下同),水产品出口市场达 75 个国家,其出口水产品主要流向欧盟、美国、日本及东南亚各国,而欧盟是其水产品出口的第一大市场,印度的沙丁鱼、青鱼、竹荚鱼、螃蟹等品种出口对辽宁省形成强有力的竞争;越南水产品产量位居世界第 5 位,水产品出口市场多达 160 个国家,其出口水产品主要流向日本、美国、欧盟,越南的鲭鱼、虾、鲍、海参等品种出口与辽宁省形成强有力的竞争;泰国水产品产量难以挤进世界前 10 位,但是作为水产品出口强国,主要出口市场是美国和日本,其金枪鱼罐头、虾类制品、鱿鱼制品等品种出口与辽宁省形成强有力的竞争。另一方面,中国水产品出口主要省份都集中于东南部沿海,彼此也形成出口竞争布局。其中,福建省、广东省、浙江省尤其是地理位置相近且资源条件相似的山东省,对辽宁省水产品出口构成严峻的多维挑战。从 2016 年的水产品出口看,数量上山东省、福建省多于辽宁省,而广东省、浙江省则跟进；金额上福建省、山东省、广东省多于辽宁省，而浙江省则跟进。加之沿海省份水产品出口所形成的品种同质化竞争格局，对辽宁省水产品出口行业的冲击也将难以避免。

（2）国外所设置贸易壁垒的限制。贸易壁垒形式多样、种类繁多。辽宁省水产品出口企业所遭遇的主要非关税贸易壁垒为韩国的"先精密检验后通关"，巴西检验检疫证书内容的数次调整等通关环节壁垒，日本的"肯定列表制度"所规定的检验标准，欧盟对水产品加工企业的卫生注册制度以及发达国家实行的信息标签制度等技术性贸易壁垒，美国的卫生检疫制度、美欧环境标志制度以及一些发达国家的包装制度等绿色贸易壁垒。而所遭遇的主要关税贸易壁垒为加拿大、欧盟相继于 2014 年、2015 年所取消的进口特惠关税政策。上述贸易壁垒，对于辽宁省水产品出口企业不仅增加了辽宁省水产品出口企业的出口成本，还降低了国际市场竞争力。时下，全球经济依然处于持续深度调整期，贸易保护主义威胁滋长，特别是美国贸易政策收紧明显，日本将于 2019 年取消进口特惠关税政策，为辽宁省水产品出口又增添了一些不稳定、不确定因素。

（3）人民币汇率发生不利的变化。辽宁省水产品出口行业如同其他省份的同类行业一样，承受着出口经贸环境中汇率因素的不断冲击。首先，人民币升值的间断性压力从未消失，是由来自中国经济体系内部的动力以及外来的压力共同作用所致。人民币升值势必对辽宁省域以进料、来料加工贸易为最主要出口方式的劳动密集型水产品加工企业以及低附加值品种的水产品出口企业构成沉重打击，使其陷入提高出口价格与失去部分市场的两难境地之中。而水产品出口价格的相对提高，将削弱辽宁省出口水产品的比较优势。其次，人民币升值使得水产品出口企业还会遭受外币收入转化成人民币时的汇兑损失以及因水产品出口量减少造成的损失。进而，水产品出口企业经营利润缩减，部分企业将陷入难乎为继的境况。

五、出口战略选择

经过 SWOT 分析可知，辽宁省水产品出口贸易在出口行业抵御风险能力脆弱、认证意识淡薄、认证能力低下、养殖产品规模经济尚未形成、行业组织尚未发挥协调作用等方面显露劣势的同时，受到来自异国他省的强有力竞争、国外所设置贸易壁垒的限制、人民币汇率发生不利的变化等威胁。但是，在原料供应充足、技术力量雄厚、品牌效应显现、物流快速便捷等方面凸显优势的同时，拥有政府的政策设计和制度安排以及发展规划、"一带一路"及"辽宁自贸区"发展契机、水产品国际市场的刚性需求增长势头强劲等机会（如图1-3所示）。

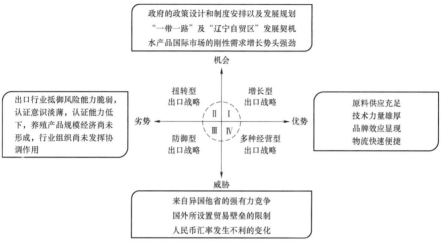

图 1-3 辽宁省水产品出口贸易 SWOT 分析及其战略选择

基于优势、劣势、机会、威胁的动态性，辽宁省水产品出口企业依据其自身的类型，可选取以下不同的出口战略：

（1）第Ⅰ类型的水产品出口企业——具有很好的出口行业内部优势以及众多的出口行业外部机会，应当选取增加省域水产品产量、开拓国际水产品市场等增长型出口战略。

（2）第Ⅱ类型的水产品出口企业——面临巨大的出口行业外部机会，却受到出口行业内部劣势的限制，应当选取充分利用环境带来的机会设法清除自身劣势的扭转型出口战略。

（3）第Ⅲ类型的水产品出口企业——出口行业内部存在劣势，出口行业外部面临强大威胁，应当选取进行水产品出口业务调整、设法避开外部威胁和消除自身劣势的防御型出口战略。

（4）第Ⅳ类型的水产品出口企业——具有一定的出口行业内部优势，但出口行业外部环境存在威胁，应当选取利用自身优势在多样化、差异化经营上寻找长期发展水产品出口贸易机会的多种经营型出口战略。

第4节　辽宁省水产品出口贸易函数的构建

出口贸易函数是现实中进行有关国际贸易经济分析的常用工具。出口贸易函数是指国际贸易中现实的出口流量指标与其主要影响因素之间的数量依存关系的函数。

一、变量与数据的选取

本节的目标变量为辽宁省水产品出口金额，关键问题是其若干个主要影响因素的选择及其解释变量的确定。可作为解释变量的影响因素很多，一般对目标变量产生直接和间接、超前和滞后、单独和共同、单向和双向等不同的影响。基于经济学理论、国际贸易理论和国际金融理论以及相关研究成果[1]，考虑到解释变量的影响性、代表性和可获得性，可选取辽宁省生产总值、辽宁省水产品产量、人民币对美元年平均汇价、辽宁省水产品现行价格[2]、世界（中国除外）人均 GDP 等影响因素。除此之外，考虑到中国加入 WTO 以来所发生的外贸体制和出口环境的改善，有必要引入虚拟变量 DM 来拟合其对辽宁省水产品出口贸易的积极影响；还考虑到当年的水产品出口金额对其翌年的水产品出口贸易亦产生惯性推进作用，可以引入滞后水产品出口金额。鉴于研究样本的有效性，选取 1998—2016 年间的年度时间序列数据进行分析，原始数据资料源自《中国统计年鉴》《中国渔业统计年鉴》和国际货币基金组织（IMF）数据库。而虚拟变量的赋值是，对于 1998—2000 年，令 DM = 0；对于 2001—2016 年，令 DM = 1。

利用获得的实际数据，可以绘制出辽宁省水产品出口金额与所选取的

---

[1] 主要成果有：许和连，赖明勇. 影响中国出口贸易相关因素的实证分析[J]. 软科学，2002(6)：30-38；刘素霞. 江苏省出口贸易函数实证研究[D]. 南京：南京理工大学，2005；包特力根白乙，李海涛，李晓娜. 市场化阶段的中国水产品供求问题研究[J]. 渔业经济研究，2008（5）：8-14；王涛. 国际贸易理论与贸易函数系统模型的构建[J]. 统计与咨询，2012（5）：37-39.

[2] 水产品现行价格（也称水产品当年价格或水产品报告期价格）由渔业产值除以水产品产量而算出。

每一个影响因素之间的散点图（如图1-4所示）。可以看出，辽宁省水产品出口金额与其地区生产总值、水产品产量、水产品现行价格、滞后水产品出口金额，以及与人民币对美元年平均汇价、世界（中国除外）人均GDP基本上呈明确的线性相关关系。从散点图的判断上来看，辽宁省水产品出口金额随着水产品现行价格的上涨而增长。这或许令人迷惑。从辽宁省情和渔情判断，影响水产品生产成本的因素中除原料鱼支出之外的其他直接材料支出、直接工资、生产加工费用都基本趋向稳定。而原料鱼支出的增加可从两个方面加以理解：一是辽宁省政府部门一贯采取鼓励水产品出口的外向型渔业发展政策，使得出口品种尤其是出口养殖品种调整为相对价格高的水产品，所以反映至出口水产品现行价格上；二是辽宁省水产品加工技术水平显著提升，使得出口水产品的加工和再加工程度得到纵深化发展，所以传导至出口水产品现行价格上。质量安全可靠而价格相对高昂的中高级水产品的出口及其扩大，有力地带动了辽宁省水产品出口金额的不断增长。

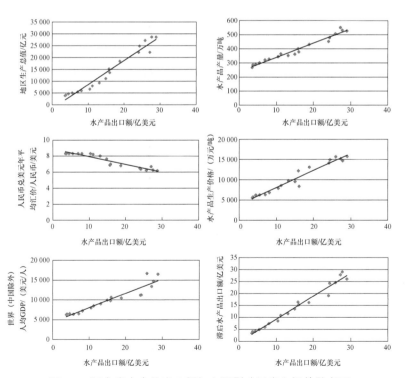

图1-4 辽宁省水产品出口额与主要影响因素之间的散点图

二、出口贸易函数测算

经过反复测算水产品出口贸易函数并进行考量得知,对于辽宁省水产品出口金额 Y,在其所选主要影响因素中,辽宁省生产总值、辽宁省水产品产量与其他影响因素的任一组合的回归模型的效果并不理想,因而将人民币对美元年平均汇价、水产品现行价格、世界(中国除外)人均 GDP 以及虚拟变量 DM 确定为解释变量,并将其前三个解释变量分别用 X_1、X_2、X_3 来表示。结合散点图可知,对于目标变量 Y 与解释变量 X_1、X_2、X_3、DM 之间关系的表达,指数曲线的乘法模型是更为妥当的。从而,辽宁省水产品出口贸易函数的模型可定型为以下函数形式:

$$\ln Y_t = a_0 + a_1 \ln X_{1t} + a_2 \ln X_{2t} + a_3 \ln X_{3t} + a_4 \mathrm{DM}_t$$

式中,ln 表示自然对数,a_i(i=0,1,2,3,4)为待定参数,a_1、a_2、a_3 分别表示人民币对美元年平均汇价、水产品现行价格、世界(中国除外)人均 GDP 的出口偏弹性值,t=1,2,…,n(n=19,为样本容量)。

采用相关统计数据及其算出数值,由 OLS 法(普通最小二乘法)估计出的回归方程式如表 1-4 所示。

表 1-4　辽宁省水产品出口贸易函数测算用数据矩阵

年份	辽宁省水产品出口金额/亿美元	人民币对美元年平均汇价/(人民币/美元)	辽宁省水产品生产价格/(万元/吨)	世界(中国除外)人均GDP/(美元/人/年)	虚拟变量DM(加入WTO的积极效应)
1998	3.52	8.279 1	5 541.42	6 233.50	0
1999	3.71	8.278 3	5 793.50	6 367.85	0
2000	4.44	8.278 4	6 222.56	6 462.57	0
2001	5.47	8.277 0	6 287.73	6 307.40	1
2002	6.96	8.277 0	6 342.67	6 449.52	1
2003	8.02	8.277 0	6 863.17	7 156.95	1
2004	10.42	8.276 8	7 911.87	7 929.27	1
2005	11.16	8.191 7	8 585.26	8 423.17	1
2006	13.14	7.971 8	9 783.10	8 955.48	1
2007	14.94	7.604 0	9 585.63	9 882.96	1
2008	16.04	6.945 1	8 386.07	10 572.80	1

续表

年份	辽宁省水产品出口金额/亿美元	人民币对美元年平均汇价/(人民币/美元)	辽宁省水产品生产价格/(万元/吨)	世界(中国除外)人均GDP/(美元/人/年)	虚拟变量DM(加入WTO的积极效应)
2009	15.85	6.831 0	12 225.91	9 735.39	1
2010	18.85	6.769 5	13 138.94	10 396.82	1
2011	24.07	6.458 8	14 169.14	11 133.14	1
2012	24.34	6.312 5	14 982.03	11 182.68	1
2013	25.87	6.193 2	15 755.81	16 628.21	1
2014	28.91	6.142 8	15 824.76	16 440.82	1
2015	27.68	6.228 4	14 734.50	14 653.30	1
2016	27.18	6.642 3	15 235.43	13 358.03	1

资料来源:《中国统计年鉴》《中国渔业统计年鉴》和国际货币基金组织(IMF)数据库。

辽宁省水产品出口贸易函数:

$$\ln Y_t = -11.438\,0 - 0.271\,8\ln X_{1t} + 0.854\,2\ln X_{2t} + 0.680\,3\ln X_{3t} + 0.517\,1DM_t$$

$$(-2.972\,2)\quad(-0.379\,1)\quad(3.364\,3)\quad(2.575\,2)\quad(5.409\,7)$$

$$***\qquad\qquad\qquad***\qquad\qquad**\qquad\qquad***$$

$$R^2 = 0.979\,8,\qquad \text{Adj}R^2 = 0.974\,0,\qquad s = 114\,6,\qquad \text{D.W.} = 1.685\,4$$

推算期间:1998—2016年。

在函数表述中,括号内数值表示各个系数的 t 值,***表示1%的显著性水平,**表示2%的显著性水平,R^2 为决定系数,$\text{Adj}R^2$ 为修正决定系数,s 为回归方程式的标准误差,D.W.为杜宾-瓦特森统计量。

三、出口贸易的模拟

对于构建后的辽宁省水产品出口贸易函数,施行经济意义检验发现,出口贸易函数中的回归系数的大小以及正负号等符合解释变量的实际以及经济学原理。施行统计检验发现,除了人民币对美元年平均汇价 X_1 的出口偏弹性系数的 t 值不显著以外,其余各项系数均在1%或2%的显著性水平下显著;杜宾-瓦特森统计量D.W.值大于显著性水平1%的检验临界值的上限 $dU=1.58$,按照检验法则可以断定回归模型的各个剩余残差项之间不存在自相关问题。从而,作为辽宁省水产品出口贸易的第一次模拟,可以断定该出口贸易函数具有较强的解释力，并且其模拟结果呈现出具有良好的一致性（如图1-5所示）。

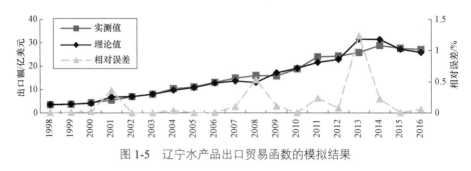

图1-5　辽宁水产品出口贸易函数的模拟结果

然而，进一步观察不难发现，就2001年、2008年、2011年时点来看，出口贸易函数的拟合结果与实际情况有一定的偏差，尤其是2013—2014年时段的理论值偏离实测值走势相对大一些。对此，可从以下三个方面来分析其中的原因：一是在2001年时点拟合的理论值略高于实测值，是因为加入WTO的积极效应在理论值测算中超前发挥作用所致。其实，中国正式加入WTO是2001年12月11日，加入WTO的积极效应在当年的实际水产品出口贸易中几乎来不及发挥实质性的作用，然而其"蝴蝶效应[①]"确实是在酝酿之中；二是在2008年和2011年两个时点拟合的理论值却均低于实测值，或许是因为2008年的世界金融危机和2011年的欧洲金融危机对实际出口贸易的影响均存在一定的时滞所致。2008年发生世界金融危机的当年，辽宁省水产品出口金额比上年相当程度增长7.36%，而翌年却出现负增长1.18%。同样，2011年发生欧洲金融危机的当年，辽宁省水产品出口金额较上年大幅度增长27.69%，而翌年却仅增长1.12%。可见，每一次金融危机对实际出口贸易均有一年的滞后影响；三是在2013—2014年时段拟合的理论值又高于实测值，或许是因为世界（中国除外）人均GDP在理论值测算中过度发挥作用所致。2013年世界经济形势缓慢复苏、曲折向好，2014年全球经济小幅回暖，使得世界（中国除外）人均GDP均升至历史高位。然而，在现实中由于受国际金融危机的长期影响而各国消费者的消费预期有所减弱，致使水产品进口走势一时收敛。

---

① 蝴蝶效应（也称拓扑学连锁反应）是指在一个动力系统中，初始条件下微小的变化能带动整个系统长期的、巨大的连锁反应。

四、实证结果及分析

辽宁省水产品出口贸易结构主要取决于水产品贸易体系中各个影响因素（含解释变量）与目标变量之间的相互关系和作用程度。实证分析表明，在所选取的4个主要影响因素即解释变量中，只有人民币对美元年平均汇价变量与辽宁省水产品出口贸易金额变量之间是一种负向关系，而辽宁省水产品现行价格、世界（中国除外）人均GDP、虚拟变量DM与辽宁省水产品出口贸易金额变量之间均表现为正向关系。其中，辽宁省水产品现行价格对于辽宁省水产品出口贸易的影响最为显著，其出口偏弹性值为0.854 2，表明辽宁省水产品现行价格每上涨1%，会促进辽宁省水产品出口贸易金额增加0.854 2%；世界（中国除外）人均GDP、表示WTO积极效应的虚拟变量DM对于辽宁省水产品出口贸易的影响也很明显，其出口偏弹性值分别为0.680 3和0.517 1，表明世界（中国除外）人均GDP每增加1%，会促进辽宁省水产品出口贸易金额增加0.680 3%；加入WTO的积极效应每延续1年，会促进辽宁省水产品出口贸易金额增加0.517 1%；而人民币对美元年平均汇价对于辽宁省水产品出口贸易的影响程度相对小，其出口偏弹性值仅为-0.271 8，况且该系数在统计检验上并不显著，这或许是与辽宁省出口水产品依然以相对缺乏弹性的品种为主有着直接的关系，进而体现出对价格甚至对汇价的不敏感。总而言之，在辽宁省水产品出口贸易函数中，各出口偏弹性值之代数和为1.779 8，远远大于1。这充分印证了时下的辽宁省水产品出口贸易处于规模效益递增状态，若继续扩大出口贸易规模，则进一步带来总贸易金额的持续增加。

第5节 辽宁省水产品出口贸易增长的拉动因素分析

有许多因素作用于辽宁省水产品出口贸易增长，不仅对其起着促进作用，也影响其结构变化。那么，辽宁省开发的水产品出口品种、开拓的水产品出口市场与其水产品出口贸易增长的关系如何，它们在水产品出口贸易增长中的份额大小如何，它们在水产品出口贸易增长率中的作用大小怎样？可用贡献率和拉动率来加以分析。

贡献率＝现期某因素增加值/总体增加值×100%，表明某因素增加值在总体增加值中所占份额大小，份额越大对总体增长贡献率越大；反之，贡献率越小。

拉动率＝现期某因素增加值/总体基期值×100%，或者，拉动率＝某因素贡献率×总体实际增长率，表明某因素对总体增长率的作用大小。作用越大，对总体增长拉动率越大；反之，拉动率越小。

一、主要出口品种的拉动作用

辽宁省出口水产品品种很多，按其每年的"十大出口品种"及其连续性，2012—2016年各年的辽宁省水产品出口金额可分解为其他冻鱼片 X_1，冻、干、盐腌或盐渍墨鱼及鱿鱼 X_2，冻、干、盐腌或腌渍扇贝 X_3，活、鲜、冷蛤（种苗除外）X_4，制作或保藏的蛤 X_5，冻狭鳕鱼鱼片 X_6，冻比目鱼（鲽科、鲆科、舌鳎科、菱鲆科、刺鲆科）鱼片 X_7，冻鳕鱼（大西洋鳕鱼、太平洋鳕鱼、格陵兰鳕鱼）鱼片 X_8，冻大马哈鱼、大西洋鲑鱼及多瑙哲罗鱼的鱼片 X_9，干、盐腌或腌渍犀鳕科、多丝真鳕科、鳕科、长尾鳕科、黑鳕科、无须鳕科、深海鳕科及南极鳕科 X_{10}，其余出口品种 X_{11} 之和（见表1-5）。

表1-5 主要出口品种对辽宁省水产品出口贸易增长的贡献率、拉动率测算用数据矩阵

年份		2012	2013	2014	2015	2016
水产品出口金额/百万美元（下同）		2 434.70	2 587.57	2 891.90	2 768.81	2 718.34
其他冻鱼片	X_1	109.40	91.41	103.59	90.02	90.91
冻、干、盐腌或盐渍墨鱼及鱿鱼	X_2	93.00	86.09	80.41	89.84	114.37
冻、干、盐腌或腌渍扇贝	X_3	60.97	95.54	124.65	125.93	110.76
活、鲜、冷蛤（种苗除外）	X_4	109.70	118.43	136.52	136.93	114.24
制作或保藏的蛤	X_5	106.85	118.46	120.14	114.32	126.23
冻狭鳕鱼鱼片	X_6	315.78	349.62	308.88	281.85	238.05

续表

年份		2012	2013	2014	2015	2016
冻比目鱼（鲽科、鲆科、舌鳎科、菱鲆科、刺鲆科）鱼片	X_7	239.82	250.95	252.16	239.39	239.19
冻鳕鱼（大西洋鳕鱼、太平洋鳕鱼、格陵兰鳕鱼）鱼片	X_8	142.48	143.80	187.30	203.03	215.89
冻大马哈鱼、大西洋鲑鱼及多瑙哲罗鱼的鱼片	X_9	140.13	172.01	257.49	231.59	254.48
干、盐腌或腌渍犀鳕科、多丝真鳕科、鳕科、长尾鳕科、黑鳕科、无须鳕科、深海鳕科及南极鳕科	X_{10}	92.52	116.20	122.87	109.29	102.66
其余出口品种	X_{11}	1 024.05	1 045.06	1 197.89	1 146.62	1 111.56

资料来源：《中国水产品进出口贸易统计年鉴》（各年版）。

考虑到水产品出口品种因素的平减指数不易取得，将放弃其可比价格的计算，而采用当年价格计算值。因本节研究目的在于阐明各出口水产品品种与水产品出口贸易增长的关系，故使用当年价格的数据不会影响各因素的趋势，也就不会影响本节结论。

根据贡献率计算公式，并利用数据矩阵就2012—2016年各年主要水产品出口品种X_1～X_{10}以及其余出口品种X_{11}对辽宁省水产品出口金额增长的贡献率做了测算（见表1-6）。

表1-6 主要出口品种对辽宁省水产品出口贸易增长的贡献率

年份			2013	2014	2015	2016	期间均值
辽宁省水产品出口金额增加额/百万美元（1）			152.87	304.33	−123.09	−50.47	
X_1	年增加额/百万美元（2）		−17.99	12.18	−13.57	0.89	
	贡献率/%（3）=（2）/（1）×100		−11.77	4.00	11.02	−1.76	0.37
X_2	年增加额/百万美元（4）		−6.91	−5.68	9.43	24.53	
	贡献率/%（5）=（4）/（1）×100		−4.52	−1.87	−7.66	−48.60	−15.66
X_3	年增加额/百万美元（6）		34.57	29.11	1.28	−15.17	
	贡献率/%（7）=（6）/（1）×100		22.61	9.57	−1.04	30.06	15.30

续表

年份			2013	2014	2015	2016	期间均值
X_4		年增加额/百万美元（8）	8.73	18.09	0.41	-22.69	
		贡献率/%（9）=（8）/（1）×100	5.71	5.94	-0.33	44.96	14.07
X_5		年增加额/百万美元（10）	11.61	1.68	-5.82	11.91	
		贡献率/%（11）=（10）/（1）×100	7.59	0.55	4.73	-23.60	-2.68
X_6		年增加额/百万美元（12）	33.84	-40.74	-27.03	-43.80	
		贡献率/%（13）=（12）/（1）×100	22.14	-13.39	21.96	86.78	29.37
X_7		年增加额/百万美元（14）	11.13	1.21	-12.77	-0.20	
		贡献率/%（15）=（14）/（1）×100	7.28	0.40	10.37	0.40	4.61
X_8		年增加额/百万美元（16）	1.32	43.50	15.73	12.86	
		贡献率/%（17）=（16）/（1）×100	0.86	14.29	-12.78	-25.48	-5.78
X_9		年增加额/百万美元（18）	31.88	85.48	-25.90	22.89	
		贡献率/%（19）=（18）/（1）×100	20.85	28.09	21.04	-45.35	6.16
X_{10}		年增加额/百万美元（20）	23.68	6.67	-13.58	-6.63	
		贡献率/%（21）=（20）/（1）×100	15.49	2.19	11.03	13.14	10.46
X_{11}		年增加额/百万美元（22）	21.01	152.83	-51.27	-35.06	
		贡献率/%（23）=（22）/（1）×100	13.74	50.22	41.65	69.47	43.77

资料来源：由《中国水产品进出口贸易统计年鉴》（各年版）算出。

可见，2012—2016年期间其他冻鱼片，冻、干、盐腌或腌渍扇贝，活、鲜、冷蛤（种苗除外），冻狭鳕鱼鱼片对辽宁省水产品出口金额增长的贡献率总体呈上升趋势，但波动较大；而冻、干、盐腌或盐渍墨鱼及鱿鱼，制作或保藏的蛤，冻比目鱼（鲽科、鲆科、舌鳎科、菱鲆科、刺鲆科）鱼片，冻鳕鱼（大西洋鳕鱼、太平洋鳕鱼、格陵兰鳕鱼）鱼片，冻大马哈鱼、大西洋鲑鱼及多瑙哲罗鱼的鱼片，干、盐腌或腌渍犀鳕科、多丝真鳕科、鳕科、长尾鳕科、黑鳕科、无须鳕科、深海鳕科及南极鳕科对辽宁省水产品出口金额增长的贡献率总体呈下降趋势，但波动也较大；而其余出口品种对辽宁省水产品出口金额增长的贡献率则总体呈上升趋势，并且波动较小。

就年平均贡献率而言，对辽宁省水产品出口金额增长的贡献率由大到小依次是其余出口品种为 43.77%，冻狭鳕鱼鱼片为 29.37%，冻、干、盐腌或腌渍扇贝为 15.30%，活、鲜、冷蛤（种苗除外）为 14.07%，干、盐腌或腌渍犀鳕科、多丝真鳕科、鳕科、长尾鳕科、黑鳕科、无须鳕科、深海鳕科及南极鳕科为 10.46%，这些出口品种起到了主要作用；而冻大马哈鱼、大西洋鲑鱼及多瑙哲罗鱼的鱼片为 6.16%，冻比目鱼（鲽科、鲆科、舌鳎科、菱鲆科、刺鲆科）鱼片为 4.61%，其他冻鱼片为 0.37%，这些出口品种起到了些许促进作用；而制作或保藏的蛤，冻鳕鱼（大西洋鳕鱼、太平洋鳕鱼、格陵兰鳕鱼）鱼片，冻、干、盐腌或盐渍墨鱼及鱿鱼的贡献率则均为负数，起到了侵蚀作用。

根据拉动率计算公式，并利用数据矩阵以及各因素的贡献率值，测算了 2012—2016 年各年主要水产品出口品种 $X_1 \sim X_{10}$ 以及其余出口品种 X_{11} 对辽宁省水产品出口金额的拉动率（见表 1-7）。

表 1-7　主要出口品种对辽宁省水产品出口贸易增长的拉动率

年份		2013	2014	2015	2016	期间均值
辽宁省水产品出口金额实际增长率/%（1）		6.28	11.76	-4.26	-1.82	
X_1	贡献率/%（2）	-11.77	4.00	11.02	-1.76	
	拉动率/%（3）=（2）×（1）/100	-0.74	0.47	-0.47	0.03	-0.18
X_2	贡献率/%（4）	-4.52	-1.87	-7.66	-48.60	
	拉动率/%（5）=（4）×（1）/100	-0.28	-0.22	0.33	0.89	0.18
X_3	贡献率/%（6）	22.61	9.57	-1.04	30.06	
	拉动率/%（7）=（6）×（1）/100	1.42	1.12	0.04	-0.55	0.51
X_4	贡献率/%（8）	5.71	5.94	-0.33	44.96	
	拉动率/%（9）=（8）×（1）/100	0.36	0.70	0.01	-0.82	0.06
X_5	贡献率/%（10）	7.59	0.55	4.73	-23.60	
	拉动率/%（11）=（10）×（1）/100	0.48	0.06	-0.20	0.43	0.19

续表

年份		2013	2014	2015	2016	期间均值
X_6	贡献率/%（12）	22.14	-13.39	21.96	86.78	
	拉动率/%（13）=（12）×（1）/100	1.39	-1.57	-0.93	-1.58	-0.68
X_7	贡献率/%（14）	7.28	0.40	10.37	0.40	
	拉动率/%（15）=（14）×（1）/100	0.46	0.05	-0.44	-0.01	0.01
X_8	贡献率/%（16）	0.86	14.29	-12.78	-25.48	
	拉动率/%（17）=（16）×（1）/100	0.05	1.68	0.54	0.46	0.69
X_9	贡献率/%（18）	20.85	28.09	21.04	-45.35	
	拉动率/%（19）=（18）×（1）/100	1.31	3.30	-0.90	0.83	1.14
X_{10}	贡献率/%（20）	15.49	2.19	11.03	13.14	
	拉动率/%（21）=（20）×（1）/100	0.97	0.26	-0.47	-0.24	0.13
X_{11}	贡献率/%（22）	13.74	50.22	41.65	69.47	
	拉动率/%（23）=（22）×（1）/100	0.86	5.91	-1.77	-1.27	0.93

资料来源：由《中国水产品进出口贸易统计年鉴》（各年版）算出。

可见，2012—2016年期间其他冻鱼片，冻、干、盐腌或盐渍墨鱼及鱿鱼，冻鳕鱼（大西洋鳕鱼、太平洋鳕鱼、格陵兰鳕鱼）鱼片对辽宁省水产品出口金额增长的拉动率总体呈上升趋势，但波动较大；而冻、干、盐腌或腌渍扇贝，活、鲜、冷蛤（种苗除外），制作或保藏的蛤，冻狭鳕鱼鱼片，冻比目鱼（鲽科、鲆科、舌鳎科、菱鲆科、刺鲆科）鱼片，冻大马哈鱼、大西洋鲑鱼及多瑙哲罗鱼的鱼片，干、盐腌或腌渍犀鳕科、多丝真鳕科、鳕科、长尾鳕科、黑鳕科、无须鳕科、深海鳕科及南极鳕科，其余出口品种对辽宁省水产品出口金额增长的拉动率则总体呈下降趋势，但波动也较大。

就年平均拉动率而言，拉动辽宁省水产品出口金额增长的百分点由大到小依次是冻大马哈鱼、大西洋鲑鱼及多瑙哲罗鱼的鱼片为1.14，其余出口品种为0.93，冻鳕鱼（大西洋鳕鱼、太平洋鳕鱼、格陵兰鳕鱼）鱼片为0.69，冻、干、盐腌或腌渍扇贝为0.51，这些出口品种起到了主要拉动作用；而制作或保藏的蛤为0.19，冻、干、盐腌或盐渍墨鱼及鱿鱼为0.18，干、盐腌或腌渍犀鳕科、多丝真鳕科、鳕科、长尾鳕科、黑鳕科、无须鳕科、深海鳕科及南极鳕科为0.13，活、鲜、冷蛤（种苗除外）为0.06，冻比目鱼（鲽科、鲆科、舌鳎科、菱鲆科、刺鲆科）鱼片为0.01，这些出口品种起到了些许拉动作用；而其他冻鱼片，冻狭鳕鱼鱼片的拉动率则均为负数，起到了反冲作用。

二、主要出口市场的拉动作用

辽宁省出口水产品市场很多，按其2016年的"五大出口市场"，2006—2016年各年的辽宁省水产品出口金额可分解为日本市场 X_1，美国市场 X_2，韩国市场 X_3，巴西市场 X_4，德国市场 X_5，其余市场 X_6 之和（见表1-8）。

考虑到水产品出口市场因素的平减指数不易取得，将放弃其可比价格的计算，而采用当年价格计算值。因本节研究目的在于阐明各出口水产品市场与水产品出口贸易增长的关系，故使用当年价格的数据不会影响各因素的趋势，也就不会影响本节结论。

根据贡献率计算公式，并利用数据矩阵就2006—2016年各年主要水产品出口市场 $X_1 \sim X_5$ 以及其余出口市场 X_6 对辽宁省水产品出口金额增长的贡献率做了测算（见表1-9）。

可见，2006—2016年期间韩国市场、巴西市场、德国市场对辽宁省水产品出口金额增长的贡献率总体呈上升趋势，但波动较大；而日本市场、美国市场对辽宁省水产品出口金额增长的贡献率总体呈下降趋势，但波动也较大；而其余市场对辽宁省水产品出口金额增长的贡献率则总体呈上升趋势，但波动亦较大。

就年平均贡献率而言，对辽宁省水产品出口金额增长的贡献率由大到小依次是韩国市场为20.98%，德国市场为15.99%，日本市场为15.77%，这些出口市场起到了中坚作用；而巴西市场为9.77%，美国市场为4.54%，这些出口市场起到了些许促进作用；而其余市场则为最大32.96%，起到了主要作用。

根据拉动率计算公式，并利用数据矩阵以及各因素的贡献率值，测算了2006—2016年各年主要水产品出口市场 $X_1 \sim X_5$ 以及其余出口市场 X_6 对辽宁省水产品出口金额的拉动率（见表1-10）。

表 1-8　主要出口市场对辽宁省水产品出口贸易增长的贡献率、拉动率测算用数据矩阵

年份		2006	2007	2008	2009	2010	2011	2012	2013	2014	2015	2016
水产品出口金额/百万美元（下同）		1 314.00	1 494.00	1 604.00	1 585.00	1 885.00	2 407.00	2 434.70	2 587.57	2 891.90	2 768.81	2 718.34
日本市场	X_1	379.65	405.56	413.86	421.98	476.46	587.69	637.19	639.97	634.99	604.15	636.90
美国市场	X_2	341.60	393.54	390.99	395.43	458.62	505.61	508.73	528.22	566.35	549.19	568.54
韩国市场	X_3	163.44	160.43	149.44	141.77	196.69	306.60	331.18	315.29	408.12	376.93	373.12
巴西市场	X_4	0.03	3.78	5.77	12.81	103.60	170.06	157.15	183.99	200.70	138.44	107.74
德国市场	X_5	38.09	33.19	63.44	46.35	53.20	63.16	81.17	85.62	72.55	102.72	101.80
其余市场	X_6	391.19	497.50	580.50	566.66	596.43	773.88	719.28	834.48	1 009.19	997.38	930.24

资料来源：中国海关进出口统计数据。

表1-9 主要出口市场对辽宁省水产品出口贸易增长的贡献率

年份		2007	2008	2009	2010	2011	2012	2013	2014	2015	2016	均值
辽宁省水产品出口金额增加额/万美元（1）		180.00	110.00	-19.00	300.00	522.00	27.70	152.87	304.33	-123.09	-50.47	
X_1	年增加额（2）	25.91	8.30	8.12	54.48	111.23	49.50	2.78	-4.98	-30.84	32.75	
	贡献率/%（3）=（2）/（1）×100	14.39	7.55	-42.74	18.16	21.31	178.70	1.82	-1.64	25.05	-64.89	15.77
X_2	年增加额（4）	51.94	-2.55	4.44	63.19	46.99	3.12	19.49	38.13	-17.16	19.35	
	贡献率/%（5）=（4）/（1）×100	28.86	-2.32	-23.37	21.06	9.00	11.26	12.75	12.53	13.94	-38.34	4.54
X_3	年增加额（6）	-3.01	-10.99	-7.67	54.92	109.91	24.58	-15.89	92.83	-31.19	-3.81	
	贡献率/%（7）=（6）/（1）×100	-1.67	-9.99	40.37	18.31	21.06	88.74	-10.39	30.50	25.34	7.55	20.98
X_4	年增加额（8）	3.75	1.99	7.04	90.79	66.46	-12.91	26.84	16.71	-62.26	-30.70	
	贡献率/%（9）=（8）/（1）×100	2.08	1.81	-37.05	30.26	12.73	-46.61	17.56	5.49	50.58	60.83	9.77
X_5	年增加额（10）	-4.90	30.25	-17.09	6.85	9.96	18.01	4.45	-13.07	30.17	-0.92	
	贡献率/%（11）=（10）/（1）×100	-2.72	27.50	89.95	2.28	1.91	65.02	2.91	-4.29	-24.51	1.82	15.99
X_6	年增加额（12）	106.31	83.00	-13.84	29.77	177.45	-54.60	115.20	174.71	-11.81	-67.14	
	贡献率/%（13）=（12）/（1）×100	59.06	75.45	72.84	9.92	33.99	-197.11	75.36	57.41	9.59	133.03	32.96

资料来源：由中国海关进出口统计数据算出。

表1-10 主要出口市场对辽宁省水产品出口贸易增长的拉动率

年份	2007	2008	2009	2010	2011	2012	2013	2014	2015	2016	均值
辽宁省水产品出口金额实际增长率/%（1）	13.70	7.36	-1.18	18.93	27.69	1.15	6.28	11.76	-4.26	-1.82	
X_1 贡献率/%（2）	14.39	7.55	-42.74	18.16	21.31	178.70	1.82	-1.64	25.05	-64.89	
拉动率/%（3）=（2）×（1）/100	1.97	0.56	0.51	3.44	5.90	2.06	0.11	-0.19	-1.07	1.18	1.45
X_2 贡献率/%（4）	28.86	-2.32	-23.37	21.06	9.00	11.26	12.75	12.53	13.94	-38.34	
拉动率/%（5）=（4）×（1）/100	3.95	-0.17	0.28	3.99	2.49	0.13	0.80	1.47	-0.59	0.70	1.30
X_3 贡献率/%（6）	-1.67	-9.99	40.37	18.31	21.06	88.74	-10.39	30.50	25.34	7.55	
拉动率/%（7）=（6）×（1）/100	-0.23	-0.74	-0.48	3.46	5.83	1.02	-0.65	3.59	-1.08	-0.14	1.06
X_4 贡献率/%（8）	2.08	1.81	-37.05	30.26	12.73	-46.61	17.56	5.49	50.58	60.83	
拉动率/%（9）=（8）×（1）/100	0.29	0.13	0.44	5.73	3.53	-0.54	1.10	0.65	-2.15	-1.11	0.81
X_5 贡献率/%（10）	-2.72	27.50	89.95	2.28	1.91	65.02	2.91	-4.29	-24.51	1.82	
拉动率/%（11）=（10）×（1）/100	-0.37	2.02	-1.07	0.43	0.53	0.75	0.18	-0.51	1.04	-0.03	0.30
X_6 贡献率/%（12）	59.06	75.45	72.84	9.92	33.99	-197.11	75.36	57.41	9.59	133.03	
拉动率/%（13）=（12）×（1）/100	8.09	5.56	-0.86	1.88	9.41	-2.27	4.73	6.75	-0.41	-2.42	3.05

资料来源：由中国海关进出口统计数据算出。

可见，2006—2016年期间韩国市场、德国市场对辽宁省水产品出口金额增长的拉动率总体呈上升趋势，但波动较大；而日本市场、美国市场、巴西市场对辽宁省水产品出口金额增长的拉动率总体呈下降趋势，但波动也较大；而其余市场则对辽宁省水产品出口金额增长的拉动率总体亦呈下降趋势，但波动也较大。

就年平均拉动率而言，拉动辽宁省水产品出口金额增长的百分点由大到小依次是日本市场为1.45，美国市场为1.30，韩国市场为1.06，这些出口市场起到了中坚拉动作用；而巴西市场为0.81，德国市场为0.30，这些出口市场起到了些许拉动作用；其余市场则为最大3.05，起到了主要拉动作用。

第6节 辽宁省水产品出口贸易发展的政策耦合

辽宁省水产品出口贸易的发展既有良好的基础条件，又面临着严峻复杂的国际经贸形势。鉴于此，基于省情和渔情，本着"彰显特色，培育品牌，强化管理，防范风险，多极增长"的原则，可以从以下5个方面进行政策耦合，以实现水产品出口贸易的持续、稳定发展。

一、优化出口水产品品种结构

辽宁省水产品出口要瞄准国际市场，不断优化出口水产品品种结构。为此，可从三个方面进行具体操作：首先，因地制宜发展"名特优"水产品生产，就地提供原料水产品。从省域来看，辽宁省各地的大菱鲆、河豚鱼、黄颡鱼、鳟鱼、鲑鱼、中国对虾、南美白对虾、日本对虾、梭子蟹、河蟹、扇贝、杂色蛤（菲律宾帘蛤）、文蛤、鲍鱼、海参、裙带菜等"名特优"品种不仅有地方资源优势还有国际市场潜力。可将这些"名特优"品种的养殖生产作为重点给予政策和资金支持，并使其形成水产品出口的主导品种。其次，移入或输入一定量的国外目标市场适销的原料鱼，充分发挥省内水产品加工基础条件优势，积极研发水产品出口新品种。时下，辽宁省出口水产品的品质、加工程度、出口价格及其附加值均有待于进一步的提高。鉴于此，应注重水产品加工技术的研究、开发和应用，必要时引进水产品加工核心技术和先进设备，按照国际市场的需求和标准进行水产品精深加工，提高水产品加工的科技含量，实现水产品的多层次增值，尽快形成规模并扩大出口，满足国外不同类型消费群体的加工水产品之需求。最后，积极引进和推广渔业新品种，逐步实现规模化养殖、产业化发展，开发具有自主知识产权的水产品出口新品种，适应国际市场的需求演进，提高出口水产品的技术含量和附加值。

二、强化出口水产品质量管理

辽宁省要强化出口水产品质量安全管理，关注目标国家严格的法律法规和贸易技术壁垒的最新动态，杜绝药物残留超标、品质不合格、非食用添加物使用、微生物污染[7]979等主要事件的发生，积极应对并实现出口水产品质量安全的持续可控态势。

（1）要增强出口水产品质量安全意识。辽宁省水产品出口企业的管理人员和从业人员要准确把握进口方尤其是日本、美国、欧盟成员国等发达国家的检验检疫以及进口程序要求，并落实到出口水产品生产、加工、流通以及自检等每个环节之中。为此，可从四个方面进行具体操作：首先，在出口水产品生产环节中，要摒弃"重产品轻原料"的认知偏见，推进出口养殖水产品"公司＋基地＋标准化"生产管理模式，培育和发展企业自营或合作经营的达标原料基地，并在养殖苗种、饲料的采购、养殖病害的防控及药物使用、养殖技术操作规范、养殖水产品原料验收等方面担负起监管职责。同时，禁用 IUU 捕捞①所获原料水产品，加强出口水产品源头的有效监管。其次，在出口水产品加工环节中，企业要提升水产品加工技术的操作规范性，要去尽水产品加工过程中产生的杂质，杜绝加工水产品的微生物污染以及非食用添加物使用。同时，要加强包装、贮藏过程的卫生控制和温控管理，尽力保障加工产品尤其是贝类产品、藻类产品和水产罐头制品的品质，并保证出口相关证书、标签的完备和合格。再次，在出

---

① IUU 捕捞通常是指非法的（Illegal）、不报告的（Unreported）和不受管制的（Unregulated）的国际上严重违规的捕捞活动。

口水产品流通环节中，企业要加强冷链运输过程中的卫生控制及其管理，防止产品包装出现破损以及过量使用冰衣或保水剂。最后，按照出口水产品的检验检疫要求做好自检抽检工作。企业要尽量购置必要的检测仪器和设备，配备专业检测人员，满足自检自控要求。在经济条件有限的情况下，若干个企业可以主动整合检测资源，共享自检自控检测设备，提升企业各自的自检自控水平。

（2）要提高水产食品质量安全检测技术水平。时下，辽宁省如同其他省份一样，现有的出口水产品质量安全检测方法不够完整，尤其是多残留检测方法少、快速检测技术不成熟、痕量分析和超痕量分析技术缺乏[7]981。鉴于此，可以组织省内外相关技术领域的专家、学者攻克水产食品质量安全检测技术难题，同时也可以引进和消化国际上先进的检测手段和方法，进而创建出准确、可靠、方便、快速、经济、安全的微生物检测方法[9]，显著提高整个检测体系的准确度、灵敏度和快速简便性，加快出口水产品的通关速度，减少其质量安全风险。

（3）要构筑出口水产品全程质量安全监控体系。辽宁省水产品出口企业要从产品检测为主转向全程监管为主，进而构筑程序规范、方法科学、指标完整的出口水产品全程质量安全监控体系。为此，可从两个方面进行具体操作：首先，政府部门要积极发挥公共服务职能作用，不仅要做好出口企业备案之前的建设指导，更要做好备案之后的过程指导。要在认真贯彻落实《中华人民共和国农产品质量安全法》的同时，制定和完善水产品产地管理制度、水产品质量安全监督检查制度、水产品质量安全标准的强制实施制度、水产品的包装和标识管理制度、水产品质量安全的风险分析和评估制度、水产品质量安全的信息发布制度等地方规章制度，为出口水产品质量安全的全程跟踪与溯源体系的建立做出有效的制度安排。其次，水产品出口企业要完善出口水产品的 HACCP（危害分析和关键控制点）体系和可追溯体系。尽管辽宁水产品出口企业已经普遍建立了以 HACCP 为核心的控制体系以及可追溯体系，但是各个企业实施水平参差不齐，甚至有时其可追溯性难以得到有效保证。故而，基于相关制度安排，利用物联网和计算机网络等现代信息技术，把出口水产品的"生产、加工、流通全过程"与其"质量安全监管"有机贯通，实现适合多品种的出口水产品质量安全监控体系及其全程信息化。

三、培育出口水产品自主品牌

辽宁省水产品出口要实施出口水产品自主品牌战略。出口水产品自主品牌是开拓国际市场的最强有力的武器之一，也是衡量水产品国际竞争力的重要指标之一。出口水产品自主品牌是指由水产品出口企业自主研发并拥有自主知识产权的出口水产品品牌。

（1）树立和增强出口水产品自主品牌战略意识。为此，可从三个方面进行具体操作：首先，政府主管部门对出口水产品自主品牌建设应有必要的认知，要懂得良好的辽宁水产品品牌形象能够加强辽宁与世界的交流，吸引国外广大的水产品消费者。进而，努力创造出口水产品自主品牌建设所需的质量标准体系、原产地注册以及各类认证服务体系等宏观软环境，并给予正确的引导和有力的扶持。其次，水产品出口企业要树立和增强出口水产品自主品牌战略意识，尤其是企业管理者要有塑造品牌的动力和精神，提升和扩大营销视野，以全球水产品市场为自主品牌的定位，进而确定目标市场。同时，尽量摒弃以往低价位竞争和以量取胜的出口策略，以突破技术贸易壁垒、规避反倾销贸易摩擦。其实，不少进口国家的水产品消费市场时下比较成熟，不仅关注进口水产品的新鲜度、药物残留、价格等指标，还热衷于水产品的高端品牌。故而，企业要从战略的高度去认识出口水产品自主品牌的创立，其建设需要理念的转变和长期的规划，更需要科技的支撑和资金的投入。最后，行业协会要加强水产以及出口行业自律，力求提高出口水产品质量，积极发挥品牌建设过程中的协调作用，努力确保出口水产品自主品牌创立的顺利推进和健康发展。

（2）培育和塑造出口水产品自主品牌强势品类。为此，可从三个方面进行具体操作：首先，企业要拥有品牌策划、研发、营销、管理等专业人才并构建品牌管理机制，加强产、学、研之间的合作，积淀培育品牌的理论，积累塑造品牌的经验，为研发出口水产品自主品牌奠定坚实的基础。其次，企业要根据自身优势，运筹和整合产业链相关资源，迎合不同国家水产品消费者的异质需求，分析和寻找其细分市场，因市制宜塑造对口的出口水产品自主品牌。最后，企业要采取品牌延伸策略，推出出口水产品自主品牌品类。辽宁省一些大型水产企业早已关注水产品品牌建设，出现了棒棰岛、獐子岛、远洋、海洋岛、天正河鲀、富谷、海之情、海御王、双龙、洪达、泽泰、盘锦河蟹等水产品品牌，并取得初步的成效。鉴于此，企业要致力于水产品品牌核心价值的更加清晰化以及品牌气质的更加个性化建设。同时，借助品牌延伸策略，凭借那些成功的水产品品牌在国外市场上推出改良的自主品牌品类或全新的自主品牌品类，力助企业更容易地输出其他"名特优"水产品品类，进而扩展原有品牌的作用范围，提升辽宁省水产品在国外的知名度、美誉度和消费者忠诚度。

四、建立水产品出口预警机制

辽宁省要加强水产品出口贸易的风险管理。建立水产品出口预警机制是防范水产品出口贸易风险的重要手段，也是促进水产品出口贸易可持续发展的重要环节。水产品出口预警机制是指对水产品出口相关信息进行动态监测和分析，并事先预测可能发生的水产品出口风险和危机，及时向政府部门、行业协会和出口业者发布信息和发出预警，实现水产品出口贸易保护前置化的支持系统。为此，可从四个方面进行具体操作：首先，要建立信息收集、处理和传递机制，此为预警机制的基础。水产品出口相关信息主要包括本省水产品产量及其品种别产量、出口水产品价格变化，目标国水产品产量及其品种别产量、水产品进口量及其品种别进口量、水产品进口政策、进口水产品技术法规等一系列指标所反映的数据和资料。值得一提的是，行业协会和商会以及海关在信息收集中具有不可替代的重要作用。其次，要建立预警分析组织机构，此为预警机制的主体。该机构一般由水产品出口各主要环节具有多年实际经验的资深专家所组成，包括出口企业管理者、研究者、统计师、经济师、会计师、关务监督、律师等各领域的专家。这些专家从不同角度、不同方面预判水产品出口过程中可能出现的风险和危机，提出具体的可供操作的方案和建议，从而引导水产品出口业者的决策行为。再次，要建立风险分析机制，此为预警机制的核心。该机制发挥着水产品出口风险的监测和诊断功能，通过构建预测模型测算出预警对象（警情指标）的预测值，并判断预测值所属警限（警情区间），进而显示对应的警度、信号灯颜色和目标市场状态。对于发现的预警对象的异常值，将运用水产品出口管理技术和诊断技术进行分析和判断，估计出口风险的大小，进而评价其可能产生的后果。最后，要建立风险处理机制，此为预警机制的目的。该机制是根据水产品出口风险预警实施过程中显示的信号灯颜色，对于不同警度的风险所要采取的解决和消化水产品出口风险的一系列措施的集合，其目的是将可能出现的水产品出口损失降至最小或避免被反倾销或规避技术贸易壁垒。

五、拓展水产品出口市场空间

辽宁省要基于"一带一路"倡议以及"自贸区"建设，瞄准世界 225 个国家和地区，大力拓展水产品出口市场空间。具体而言，巩固和扩大现今涉足而竞争激烈的 106 个国家和地区的水产品市场，对接和开拓未知而广阔的 119 个国家和地区的水产品市场。

（1）"一带一路"倡议有利于促进辽宁同沿线 65 个国家和地区之间更大范围、更深层次的渔业经贸合作，给拓展水产品出口市场带来无限的商机。时下，辽宁省出口水产品已经流向"一带一路"沿线 44 个国家和地区并呈现出"两端热、中间冷"的局面，对其应采取巩固和扩大的出口拓展方策，而对于有待扩散的其余 21 个国家和地区应采取对接和开拓的出口拓展方策。为此，可从三个方面进行具体操作：首先，"一带一路"东端的日本、韩国、东南亚国家和中国台、港、澳地区是辽宁水产品的主要出口市场，对其出口的量值比重大、品种较全面。东端国家和地区的水产品产量较大，水产品贸易量较高，水产品人均供应量较大。其中，日本、韩国的水产品生产化水平高、产量大，同时重视水产品贸易、进口大于出口，对水产品的认知化水平高、消费量处于全球较高状态；东南亚国家渔业资源丰富、水产品产量较大，水产品出口大于进口，水产品消费量较高。从总体上看，作为传统出口市场的日本、韩国以及中国台、港、澳等地区其水产品需求已接近饱和，将是努力巩固的出口市场；而东盟国家的水产品进口依然在增长之中，将是努力扩大的出口市场。其次，"一带一路"西端的西欧国家是辽宁水产品的中坚出口市场，对其出口的量值占比较大、品种较丰富。西端国家和地区的水产品产量较大，水产品贸易量亦较大，尤其是欧盟国家水产品出口较大，但是其出口远远小于进口，水产品人均供应量亦较大，对水产品的认知水平高，会主动求获水产品的消费并关注进口。

从总体上看，欧盟富裕程度高，对水产品进口的依赖程度在不断增加，将是可以更加努力扩大的出口市场。最后，"一带一路"中间地带的部分国家也是辽宁省水产品的出口市场，对其出口的量额占比除俄罗斯之外都严重偏小、出口品种也少。中间地带国家和地区的水产品产量除南亚和俄罗斯之外都严重偏低，水产品贸易量除南亚和俄罗斯之外都严重偏小，水产品人均供应量除以色列和俄罗斯之外都偏少。从总体上看，中间地带的许多国家和地区应该是长期努力开拓的水产品出口目标市场。在开拓中不容忽视的是，"一带一路"上的 28 个伊斯兰教国家。穆斯林一般食用牛、羊、鸡、鸭、鹅肉之外，也食用净水中自然生长或养殖的有鳃有鳞的鱼类，但是不吃软体动物、甲壳类动物、外形丑恶和不洁之水产品[10]。所以，众多的伊斯兰教国家也是可以争取开拓的出口目标市场。

（2）"中国-东盟自由贸易区"（CAFTA）是时下唯一可利用的多边自贸区，而"中日韩自由贸易区"建设则好事多磨，竟然进行了 12 轮谈判依然不见其正式启动。CAFTA 经过启动并大幅下调关税（2002—2010 年）、全面建成（2011—2015 年）两个阶段，已经进入巩固完善（2016 年起）的第三阶段，为辽宁省水产品出口贸易的进一步发展提供了有利条件。为此，可从两个方面进行具体操作：首先，辽宁省与东盟的水产资源禀赋各具优势，渔业结构各有特点，互补性很强。鉴于此，辽宁省要发挥水产品加工技术优势，加大以省域"名特优"水产品为原料的水产食品的出口规模，以应对东盟水产品市场对品种结构的调剂和补充。其次，东盟水产品与辽宁省相比具有更大的比较优势。鉴于此，辽宁省要从东盟充分进口"零关税"或"低关税"水产品，弥补原料鱼不足或调剂不同品种以满足东盟以外国际市场对各种档次水产品的需求，并进一步促进加工贸易方式的水产品出口发展。

（3）"中国（辽宁）自由贸易试验区"（"辽宁自贸区"）也是可以利用的国内自贸区，它在贸易和投资等方面拥有比 WTO 有关规定更加优惠的贸易安排，为辽宁省水产品出口的进一步发展提供了又一个贸易平台。为此，可从两个方面进行具体操作：首先，自贸区内进出口商品的通关更加便捷。鉴于此，有条件的辽宁省水产品出口业者可将企业落户"辽宁自贸区"或者可在"辽宁自贸区"内注册分公司，以便享受自贸区的便捷通关待遇，提升水产品出口的贸易便利化水平。其次，自贸区内进出口的商品可享关税减免。鉴于此，辽宁省水产品加工以及出口业者可通过"辽宁自贸区"输入加工出口所需海外原料鱼，不仅进口关税减免，而且跨境直购更方便、物流速度更快。这不仅降低水产品出口成本，而且提升水产品国际竞争力，有利于促进加工贸易方式的水产品出口发展。

（4）辽宁省水产品出口不应拘泥于传统营销模式，要善于创新国际营销模式，以拓展水产品市场。为此，可从两个方面进行具体操作：首先，选择合适的目标国家，可以举办辽宁省"名特优"水产品的多样化食品展销，广泛接触当地采购商并积极跟进并咨询；可以在国外超市进行辽宁省"名特优"水产品的促销活动，接触、说服和吸引当地消费者购买其水产品；可以在国外媒体报道辽宁省"名特优"水产品国外会展，向参展商和广大消费者提供联系和了解的机会，孕育巨大商机；可以与省内旅游部门合作，在国外游览观赏活动中开展公关工作，宣传辽宁省"名特优"水产食品。其次，培育水产品电子商务平台和电商企业，通过"互联网+"广泛开展辽宁省"名特优"水产品出口跨境电子商务及其合作，有效减少水产品交易环节，降低水产品交易成本，拓展水产品出口渠道，促进水产品出口贸易便利化。

参考文献

[1] 刘思维. 贸易经济学［M］. 北京：高等教育出版社，2007：85.

[2] 中国社会科学院农业经济研究所，农牧渔业部水产局，全国渔业经济研究会. 中国渔业经济（1949—1983）［G］. 北京：［出版者不详］，1984：576.

[3] 农业部渔业渔政管理局. 中国渔业统计年鉴2016［M］. 北京：中国农业出版社，2016：101.

[4] 辽宁出入境检验检疫局. 辽宁地区经HACCP验证的输美水产企业名单［EB/OL］.（2016-03-25）［2018-01-06］. http://www.lnciq.gov.cn/newbsdt/qtfwsx/newrzjg/backspscqy/jggstjcz/201611/t20161110_135500.htm.

[5] 中华人民共和国国家认证认可监督管理局. 获得欧盟注册的中国水产品生产企业名单［EB/OL］.（2016-01-31）［2018-01-06］. http://www.docin.com/p-1463249096.html.

[6] 佚名. 全球渔业产出及水产品消费长期趋势［EB/OL］.（2003-06-08）［2018-01-17］.

http://news.foodmate.net/2003/06/14861.html.

［7］刘春娥，林洪，周翀，等. 2011—2012 年我国出口水产品质量情况分析［J］. 食品安全质量检测学报，2014（3）：977-984.

［8］赵海军，范万红，霍琪，等. 中美进出口水产品质量安全现状及对策研究［J］. 广东海洋大学学报，2015（5）：26-33.

［9］肖颖，陈舒奕，邹媛媛，等. 中国出口水产品微生物质量安全问题研究［J］. 世界农业，2016（10）：235-239.

第二章
辽宁省草莓产业出口监测与竞争力提升研究

在我国,草莓是露地生产的水果中上市最早的,素有"早春第一果"的美称。草莓柔软多汁、酸甜适口,因其丰富的营养和保健价值而备受消费者青睐。除供鲜食外,草莓还可以做成草莓酒、草莓汁、草莓酱、草莓蜜饯、速冻食品等各种加工品。草莓生长周期短,见效快,经济效益高,成为我国果树业和设施农业中发展最快的新兴产业,种植面积逐年增加。目前,草莓在全世界种植面积约为550万亩,在小浆果品类中位居首位,而我国是世界上最大的草莓生产国。草莓产业的发展不但为促进农民增收、脱贫致富发挥了积极作用,而且,草莓作为适宜农业旅游、观光采摘的水果,也促进了一、二、三产业的融合发展。目前我国草莓产量虽居世界首位,但总体竞争能力却不如美国、墨西哥、西班牙等国家。在此背景下,发挥区域草莓产业经济的比较优势,走优势互补、协同创新的产业发展道路,以提高草莓产业发展的竞争力,也许是中国草莓产业持续发展的路径选择。

草莓是辽宁省的特色水果之一,有着悠久的栽培历史,产量在国内居领先地位。同时,草莓也是辽宁省重要的出口农产品,多年居于全国草莓出口额前三名,在辽宁省农业增效及农民增收中起着极其重要的作用。虽然辽宁省草莓生产与贸易在全国处于领先地位,并取得了较好的经济效益,但也存在诸多问题,面临着国内国外的双重压力,竞争环境复杂。在这样的背景下,积聚优势、转型升级,提高辽宁草莓出口产业竞争力已经成为一个迫切需要解决的问题。只有这样,辽宁省的草莓出口产业才能走上良性发展的道路,才能增加果农的收入。而产业竞争力的提升又必须建立在对其竞争力现状的客观评价和全面认识的基础上才能完成,因此本研究拟将辽宁省草莓出口产业的竞争力做出客观的评价,在全面分析草莓出口产业发展优势、劣势、机遇、风险的基础上提出提升其竞争力的对策。

第1节 草莓产业发展状况

一、我国草莓生产与出口贸易格局

（一）我国草莓生产状况

1. 种植规模与产量

从20世纪80年代开始，随着我国经济的快速发展和人们对草莓认识的提高，我国的草莓产业得到了快速发展。1985年全国草莓的种植面积还仅有3.3千公顷，占当年世界草莓面积的1.67%；1995年增加到36.7千公顷，占世界的14.2%；2003年又增加到77.3千公顷，占26.63%，产量169.8万吨，占35.26%，成为世界第一大草莓生产国。2005年后虽然个别年份的种植面积和产量有所下滑，但总体是快速增长的一个趋势。2017年中国草莓种植面积已达到133.1千公顷，占世界种植总面积（395.8千公顷）的33.6%。中国草莓产量371.7万吨，占世界总产量（992.3万吨）的37.5%，总产值达600亿元以上。2018年中国草莓播种面积达到139.6千公顷，产量397.4万吨[①]（如图2-1所示）。

2. 生产区域

由于草莓的气候适应性广，国内各省（市、自治区）均有栽培。但主要集中在辽宁、河北、山东、江苏、上海、浙江等东部沿海地区，近几年四川、安徽、新疆、北京等地区发展也很快。如江苏句容、安徽长丰、辽宁东港、山东烟台、四川双流、河北满城等都是有名的草莓主产区。而且在大城市的郊区也形成了很多观光采摘的示范园区，如北京的昌平、上海的青浦和奉贤等地。2016年辽宁、河北、山东、江苏、安徽5省播种面积

---

① 由于2018年官方统计数据没有发布，本文涉及的2018年数据皆根据行业发展规律预测得出。

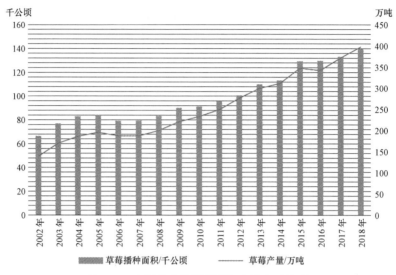

图 2-1　中国草莓种植面积和产量变动情况

资料来源：2002—2016 年《中国农业统计资料》各年版本，2017 年来源于 FAO 数据库。

占全国总面积的 61%，总产量占全国的 72%。然而从单产状况看，山东、辽宁、河北三省最高，江苏、安徽两省单位面积产量却低于全国平均水平（见表 2-1）。

表 2-1　2016 年主要草莓产地草莓生产情况

位次	播种面积		总产量		单位面积产量	
	产地	面积/千公顷	产地	产量/万吨	产地	单产/（千克/公顷）
1	安徽省	18.90	山东省	69	山东省	38 594
2	江苏省	18.13	安徽省	46	辽宁省	36 801
3	山东省	17.76	江苏省	46	河北省	34 230
4	河北省	12.93	河北省	44	天津市	28 502
5	辽宁省	11.37	辽宁省	42	河南省	26 942

资料来源：2016 年中国农业统计资料。

3. 品种结构

我国草莓栽培品种以引进为主，先后从国外引进了数百个品种。在 20 世纪 80 年代，"宝交早生"在我国各地的栽培面积最大，随后"全明星"

成为华北、西北生产中主栽品种,东北地区以"戈雷拉""全明星""宝交早生"为主,中南部地区以"宝交早生""春香""丽红""硕丰"为主。20世纪90年代后,草莓的保护地栽培面积越来越大,在东北地区"弗吉尼亚"得到了推广,后又被"图德拉"和"鬼怒甘"取代。华北、华东及西北产区20世纪90年代以后,露地及半促成栽培仍以"全明星""宝交早生"为主,而促成栽培则以日本的"丰香""静香"等为主;特别是"丰香"成为主栽品种,占生产栽培面积的2/3以上。2000年以后,由于"丰香"易感白粉病,"童子一号""甜查理""章姬""红颜""幸香""达赛莱克特""卡麦若莎""枥乙女"的生产面积正在不断扩大,其中"红颜"成为很多地区尤其是保护地栽培的当家品种。加工品种则多以"哈尼""森加森加拉""达赛莱克特""达善卡"为主。近20年来我国不少科研院所也开展了草莓的育种工作,开发出了不少有特色的品种。比如2014年草莓新品种"艳丽"通过了辽宁省作物品种备案委员会备案,已在辽宁省辽阳市、丹东市、大连市和北京市、山西省太原市、浙江省杭州市、湖北省武汉市等地广泛栽培。然而在草莓生产中仍有98%以上的品种引自国外,国产草莓品种的市场占有率不足2%,说明国产品种的选育和推广还有很大差距,存在很大发展空间。

4. 栽培方式

中国地域广阔,在栽培方式上露地栽培与保护地栽培并存。保护地栽培在华北地区以日光温室促成栽培和塑料大棚半促成栽培为主,南方以塑料大棚促成栽培或半促成栽培为主。根据栽培方式的不同,品种的选择也有一定差异。目前,在保护地促成栽培品种以"红颜""章姬""甜查理"等为主,"甜查理"在广东、广西等南方产区为露地栽培的主栽品种;半促成栽培以及露地栽培品种比较丰富,除上述3个品种外还有"达赛莱克特""丰香""全明星""玛丽亚""哈尼""森加森加拉"等。我国草莓栽培面积大的省份主要集中在北方,以河北、辽宁、山东三省居多,栽培形式多样,有日光温室栽培、拱棚栽培、露地栽培,果实成熟期从每年的12月初到来年的6月份,品种主要有"红颜""章姬""甜查理""阿尔比""达赛莱克特""全明星""卡麦罗莎""哈尼"等(见表2-2)。

表 2-2 中国草莓栽培方式与主栽品种

栽培方式	主栽品种
陆地栽培	哈尼、森加森加拉、达赛莱克特、玛利亚、宝交早生、全明星、戈雷拉等
促成栽培	红颜、丰香、卡麦罗莎、枥乙女、达赛莱克特、玛利亚、章姬、甜查理、宝交早生、卡尔特 1 号等
半促成栽培	红颜、丰香、图德拉、弗吉尼亚、女峰、鬼怒甘、宝交早生、静香、静宝、明宝、丽红、卡麦罗莎、章姬、枥乙女、佐贺清香、甜查理等
抑制栽培	宝交早生、达赛莱克特等

资料来源：《中国果树志·草莓卷》。

（二）我国草莓出口贸易状况

1. 出口规模

虽然近年来我国草莓进入国际市场的努力已经取得了明显的成效，但中国的草莓贸易比重仍然很低。2017 年中国鲜草莓（HS 编码 081010）的出口金额占世界鲜草莓出口总金额的 2.19%；冷冻草莓（HS 编码 081110）的这个比例是 12.8%；其他制作或保藏的草莓（HS 编码 200880）的这个比例是 14.8%。由于鲜草莓在世界草莓出口总额的比例占近 70%，所以综合起来 2017 年中国草莓出口总额只占世界草莓出口总额的 4.26%。如今我国的草莓产量已经占世界的 38%，出口额却不到世界总出口额的 5%，这与世界第一草莓生产大国的地位极不相称。

受国内国际环境的影响，近年来中国草莓出口额年度间波动较大。2011 年草莓出口达到近十年来的峰值状态，出口量 15.43 万吨，同比上升 12.2%；出口金额达 20 507 万美元，同比上升 45%。随后四年出口连续下降，到 2015 年出口量已下降至 8.77 万吨，出口金额已下降至 13 195 万美元。2016 年我国草莓出口又现良好发展势头，出口量增长了 18.6%，出口额增长了 17.4%。随后两年出口量有所下降，但出口金额处于温和小幅增长状态。2018 年出口金额能达到 15 927 万美元（如图 2-2 所示）。

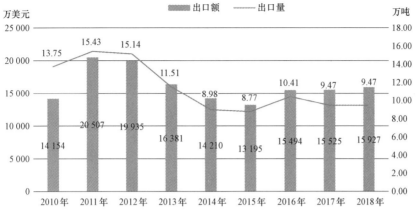

图2-2 2010—2018年中国草莓出口量和出口金额变动情况

资料来源：中国海关。

2. 出口产品结构

中国草莓主要出口栽培品种为"哈尼""森加森加拉""达赛莱克特""全明星""宝交早生""马歇尔""丰香"等。

从产品形式上看冷冻草莓是我国草莓制品出口的主要品种，冷冻草莓出口在我国果品出口中占有重要地位。近些年我国冷冻草莓的出口量好的年份在13万吨以上，低谷时期也在7万吨以上，每年出口额都在1亿美元以上，峰值时期达到1.7亿美元以上。另外，其他制作或保藏的草莓也有出口，如单冻草莓、加糖草莓、巧克力草莓、脱水草莓等，不同加工制品间的价格差异比较大。还有小部分草莓鲜果的出口，但所占份额很小。以2017年为例，中国各类草莓产品出口金额的比重，冷冻草莓占71%，其他制作或保藏的草莓为26%，鲜草莓仅占3%（如图2-3所示）。

动态看中国草莓出口额的变化，2011年以后到2015年是剧烈下降的态势，2016年以后开始好转。但各类草莓产品出口表现不完全一致。冷冻草莓的变化与这个规律一致，但鲜草莓和其他制作或保藏的草莓在这段时期的出口额一直保持着温和上升（如图2-4所示）。

3. 出口市场结构

随着草莓对外贸易步伐的加快，我国不断开辟草莓出口市场，目前我国草莓及其制品已经出口到100多个国家和地区。虽然出口市场在不断增加，但出口市场的集中度仍旧很高。以2017年为例，排名前十位的市场出口金额之和占出口总金额的78.2%（如图2-5所示）。

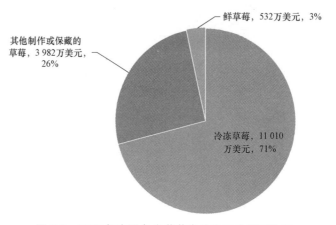

图 2-3　2017 年中国各类草莓产品出口金额及比重

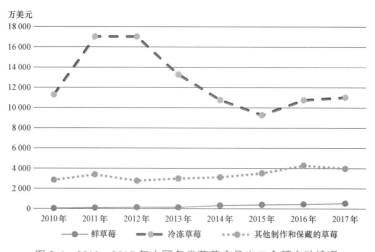

图 2-4　2010—2017 年中国各类草莓产品出口金额变动情况

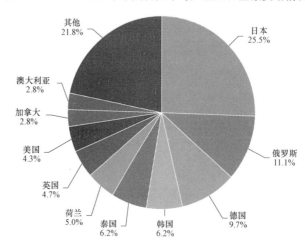

图 2-5　2017 年中国草莓出口市场份额

2017年中国草莓出口市场份额排在前三名的是日本、俄罗斯和德国。对这三个国家出口金额都超过1 500万美元。其中日本近些年一直是我国草莓的最大出口市场，我国对日本出口金额连续几年保持在4 000万美元左右。以2017年为例，对日出口金额为3 963万美元，占中国草莓出口总金额的25.5%。俄罗斯市场份额近几年相对也比较稳定。韩国、泰国是我比较传统的出口市场，近年来所占的比例稳中有升。值得注意的是近几年对欧洲出口出现了下滑。荷兰曾经是我国重要的草莓出口市场，曾以22%的进口率成为中国冷冻草莓的主要出口地。但从2012年开始中国对荷兰的草莓出口额开始出现下滑趋势，2014年起出现断崖式下跌。2011年中国对荷兰草莓出口额高达3 030万美元，占中国草莓出口总额的14.8%，仅次于日本。而2015年出口额下跌到447万美元，占出口总额的3.4%。德国市场份额前几年有所下降，近两年略有好转。这个现象应该引起我们的注意（如图2-6所示）。

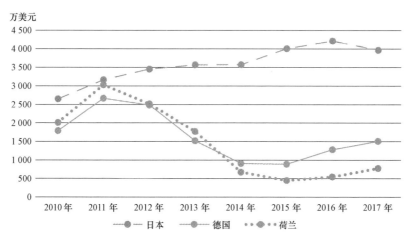

图2-6　对日本、德国、荷兰市场草莓出口额变动情况
资料来源：中国海关。

4. 主要出口地区

我国主要出口草莓的省份包括山东、辽宁、江苏、黑龙江、河北等。山东省是我国草莓第一出口大省，占绝对优势，出口额占全国出口总额五分之三左右；其次是辽宁省，出口额占全国总额的四分之一；然后是江苏省、黑龙江省、河北省等。安徽省虽然是我国草莓生产大省，但出口业绩并不突出（如图2-7所示）。

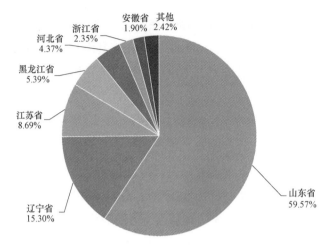

图 2-7　2017 年我国主要草莓出口地区出口份额

二、辽宁省草莓生产与出口贸易格局

（一）辽宁省草莓生产状况

草莓是辽宁省的特色水果之一，有着悠久的栽培历史，技术水平较高，在国内居领先地位。草莓种植业已成为振兴辽宁省农村经济和促进农民增收的支柱性产业之一。

1. 种植面积与产量

同全国一样，草莓种植面积和产量变动方向是一致的。从 2002 年到 2018 年，个别年份有波动，但整体上辽宁省草莓种植业呈快速发展态势，种植面积和产量的年均增长率分别为 5.9% 和 7.2%。2002 年辽宁省草莓种植面积 7.1 千公顷，产量 20.4 万吨，分别占全国总量的 10.7% 和 14.6%。随后的四年中草莓生产出现快速增长又快速回落的状态，2004 年种植面积增长到 11.9 千公顷，占全国总量的 14.4%，产量为 28 万吨，占全国总量的 15.1%。2006 年种植面积又下降到 8.3 千公顷，在全国的占比又回到了 10.5%。但由于单位面积产量的增加，草莓总产量虽有下滑但幅度没有那么大，2006 年的产量是 25.9 万吨，占全国总产量的 13.8%。之后的 2007 年到 2015 年间，种植面积和产量处于一个稳定增长的状态，2015 年达到峰值。2015 年辽宁省草莓种植面积 17.85 千公顷，占全国的 13.8%。由于生产效率的提高，草莓总产量的增速要高于种植面积的增速，2015 年辽宁省草莓产量 63.5 万吨，占全国总产量的 18.3%。2016 年辽宁省草莓种植面积迅速缩减，同比减少了 36.4%，只有 11.37 千公顷，导致产量也大幅度下降，为 42 万吨。随后两年又出现恢复性增长，2018 年种植面积 13.95 千公顷，产量 53.6 万吨（如图 2-8 所示）。

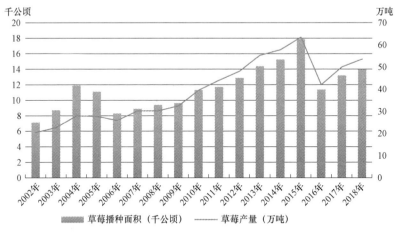

图 2-8　辽宁省草莓种植面积和产量变动情况

资料来源：《中国农业统计资料》各年版本。

2. 生产区域与栽培品种

辽宁省草莓生产主要集中在丹东、大连、沈阳、辽阳、鞍山、营口、铁岭等市县区。依据其现有草莓生产布局，辽宁省草莓大致可分如下几个优势发展区域：

（1）东部湿润气候区：主要包括丹东市的东港、凤城、宽甸，鞍山市的岫岩及大连市的庄河等地区。该区自然条件优越，属北温带湿润季风气候区，受黄海影响，冬无严寒，夏无酷暑，土壤多为微酸性，非常适合草莓正常生长发育，是辽宁省第一草莓生产区域，栽培面积占全省草莓栽培总面积的 70% 以上。温室栽培主要选择优质丰产的早熟品种，如红颜、丰香、佐贺 2 号、幸香、章姬、图德拉、弗吉尼亚等；大棚栽培主要选择优质的中晚熟品种，如卡尔特 1 号、达思罗等；露地栽培主要选择丰产、加工性状好的哈尼、森加森加拉等品种。

（2）北部寒冷气候区：主要包括沈阳市的于洪、苏家屯、新民的部分地区，铁岭开原市及辽阳市、鞍山市的部分地区。该区属北温带寒冷气候区，冬季寒冷，夏季高温，土壤多为中性土壤，也适合草莓生长发育，是辽宁省第二草莓生产区域。栽培品种以全明星、图德拉、弗吉尼亚为主，露地栽培以全明星、哈尼及美香莎等品种为主。

（3）环渤海温和气候区：主要包括大连市的金州、瓦房店，营口市及盘锦市、锦州市的部分地区。该区属北温带温和气候区，冬季冷凉，夏季气温适中，土壤中性偏碱，是辽宁省第三草莓生产区域。栽培品种主要有丰香、宝交早生、弗吉尼亚及全明星。露地栽培以哈尼、全明星为主。

3. 栽培方式

辽宁省草莓的栽培形式也发生了根本变化，20 世纪 80 年代以露地栽培为主，近些年生产上推广了保护地栽培形式和高产栽培技术，使草莓生产在产量和质量上均有大幅度提高。目前的主要栽培形式有温室栽培、早春大拱棚栽培及露地覆膜栽培。其中温室栽培约占总面积的 82.5%，早春大拱棚栽培约占总面积的 10%，露地及覆膜栽培约占总面积的 7.5%。

（二）辽宁省草莓出口贸易状况

1. 出口规模

从 2010 年以来的出口金额数据中看到，近些年来辽宁省草莓出口整体比较平稳，但由于受到国内外贸易整体环境的影响，呈现周期性小幅波动。2011 年辽宁省草莓出口额 2 279 万美元，比上年增长 28.8%。随后三年草莓出口金额逐年下降，2014 年降到近年来的最低点，只有 1 593 万美元，同比下降了 19 个百分点。从 2015 年起，辽宁省草莓出口出现恢复性增长，出口金额稳步上升，2017 年达到 2 375 万美元，2018 年达到 2 414 万美元（如图 2-9 所示）。

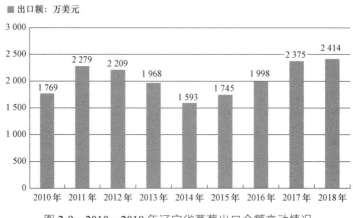

图 2-9　2010—2018 年辽宁省草莓出口金额变动情况

辽宁省草莓出口产业长期保持稳定发展，草莓出口规模在全国居于领先地位，近些年出口金额一直排在全国第二。但也必须看到，辽宁省与排在第一位的山东省相比，差距还是挺大的，山东省草莓出口金额是辽宁的4~5倍。另外，辽宁省和排名第三位的江苏省差距不是特别悬殊，随时有被赶超的可能（见表2-3）。

表2-3 近几年我国重要省份草莓出口金额（万美元）及排名

省份	2014年		2015年		2016年		2017年	
	出口金额	排名	出口金额	排名	出口金额	排名	出口金额	排名
山东	7 927	1	7 111	1	8 343	1	9 248	1
辽宁	1 593	2	1 745	2	1 998	2	2 375	2
江苏	1 480	3	1 640	3	1 960	3	1 350	3
黑龙江	941	4	528	5	607	5	837	4
河北	642	5	408	6	573	6	679	5
浙江	611	6	785	4	999	4	365	6

资料来源：中国海关。

2. 出口产品结构

辽宁省草莓出口的产品结构与全国的特点是一样的，也是以冷冻草莓（速冻）为主。2017年冷冻草莓的出口金额为2 073.4万美元，占草莓出口总金额的87.3%，这有赖于我国冷链贮运保鲜技术的迅猛发展。其次是其他制作或保藏类草莓，包括灌装草莓、草莓果酱、草莓果汁、脱水草莓（草莓干）等，这部分产品2017年的出口金额是293.4万美元，占草莓出口总金额的12.4%。鲜草莓的出口极少，2017年出口金额仅7.8万美元，占草莓出口总额的0.3%（如图2-10所示）。

从时间序列的角度来看，由于冷冻草莓在草莓出口中占绝大部分比重，所以其出口金额的变化与草莓出口总金额的变化趋势是一致的，也呈现周期性波动状态。2011年在2010年的基础上呈现大幅增长后开始下滑，2014年达到最低值。2015年起开始逐年增长，2017年已经基本恢复到2011年的水平。其他制作或保藏类草莓出口金额在2010—2013年小幅波动，2015年起出口金额翻倍增加，最高点的2015年出口金额是311.9万美元，

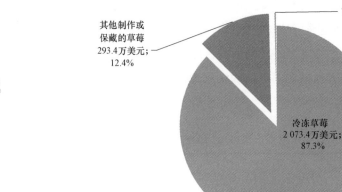

图 2-10　2017 年辽宁草莓出口产品结构

比最低点 2012 年增加了 277%。随后两年虽有所下降，但降幅不大。鲜草莓出口一直很少，有些年份甚至没有出口，如 2010 年和 2016 年。2011—2015 年出口金额也就在几百至几千美元不等，几乎可以忽略不计。但值得注意的是 2017 年辽宁省鲜草莓的出口出现了大幅度增加，出口金额达到 7.8 万美元，尽管在草莓出口总金额中的比重仍是微乎其微，但也算是历史性飞跃了，在优化草莓出口产品结构方面迈出了可喜的一步（如图 2-11 所示）。

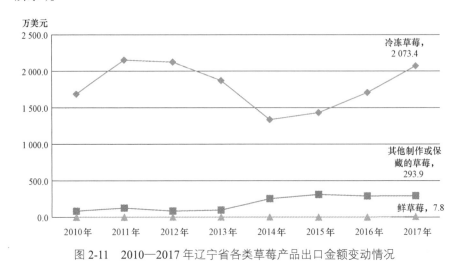

图 2-11　2010—2017 年辽宁省各类草莓产品出口金额变动情况

3. 出口市场结构

随着草莓产业的不断发展，辽宁省草莓产品出口到越来越多的地区。

从 2010—2017 年的海关统计数据上看，目前辽宁省草莓已经远销到 50 多个国家和地区，尽管其中对有些国家的出口只是个别年份才有，并没有形成稳定规模，但是为辽宁省草莓产业进一步开拓国外市场提供了目标。

东亚、欧洲和北美洲是辽宁省草莓产品主要的出口区域，其中日本、俄罗斯、德国、荷兰、英国、波兰、丹麦、美国、韩国、泰国等国家是辽宁省草莓产业的重要出口市场。2016 年出口额在 10 万美元以上的国家或地区有 12 个，其中超过 100 万美元的国家有 5 个。2017 年出口额在 10 万美元以上的国家或地区有 14 个，其中超过 100 万美元的国家有 5 个。从出口数据上我们可以发现，辽宁省草莓出口市场的集中度还是挺高的。2016 年排名前五的目标市场的市场集中度是 80.3%，2017 年排名前五的目标市场的市场集中度是 81.81%（见表 2-4）。

表 2-4　辽宁省草莓重要出口市场出口金额及排名情况

2016 年				2017 年			
排名	国家或地区	出口金额/万美元	占总金额的比重/%	排名	国家或地区	出口金额/万美元	占总金额的比重/%
1	日本	869.5	43.52	1	日本	1 020.0	52.19
2	俄罗斯	364.3	18.23	2	俄罗斯	191.6	9.80
3	德国	125.5	6.28	3	德国	160.5	8.21
4	荷兰	124.5	6.23	4	波兰	118.2	6.05
5	美国	120.6	6.04	5	荷兰	108.7	5.56
6	英国	99.2	4.96	6	英国	87.8	4.49
7	波兰	76.1	3.81	7	美国	84.2	4.31
8	丹麦	74.0	3.71	8	丹麦	51.2	2.62
9	比利时	35.0	1.75	9	韩国	28.8	1.47
10	泰国	33.0	1.65	10	乌拉圭	23.3	1.19
11	乌拉圭	15.3	0.77	11	巴西	20.7	1.06
12	中国台湾地区	10.6	0.53	12	新西兰	10.8	0.55
				13	比利时	10.4	0.53
				14	泰国	10.3	0.53

资料来源：中国海关。

值得注意的是，近几年欧洲市场情况不是很好，辽宁省对大部分欧洲国家的草莓出口金额呈现下降趋势。比如对德国的出口额从2010年到2014年一路下跌，年均下降近40个百分点。2015年开始对德国出口额开始回升，但目前还没有恢复到最高水平。荷兰、英国、丹麦、法国等重要欧洲市场，都呈现市场大幅缩减现象，尤其是对法国市场2014年、2015年和2017年的出口额为零（如图2-12所示）。

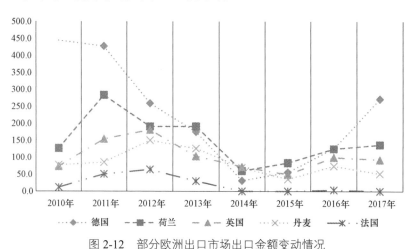

图2-12　部分欧洲出口市场出口金额变动情况

4. 主要出口地区

丹东、铁岭、大连是辽宁省重要的草莓出口地区。其中丹东市（东港、宽甸、凤城）的草莓出口份额最大，而且近几年出口产业发展很快。出口金额由2010年的961.1万美元，占辽宁省出口总额的54.3%，增加到2017年的1 808.7万美元，占出口总额的76.2%。目前，丹东的东港市已成为全国最大的草莓生产和出口基地，是原农业部命名的"全国优质草莓生产基地"和"无公害农产品生产基地"，是"中国草莓第一县"和辽宁省政府首批命名的"一县一业"（草莓）示范县。丹东东港市草莓出口示范区以丹东菀丰食品有限公司等8家出口企业为基础初步形成的草莓生产及加工基地日趋完善。铁岭市（铁岭、开原）近几年出口业绩增长很快，出口金额由2010年的167.4万美元，占辽宁省出口总额的9.5%，增加到2017年的487.5万美元，占出口总额的20.5%。以铁岭开原川顺食品加工有限公司为代表的草莓深加工出口基地显现了良好的发展势头。大连地区（庄河、瓦房店）曾经是仅次于丹东的第二大草莓出口地区，2010年草莓出口金额622.4万美元，占辽宁省出口总额的35.2%。但是2012年以后出口急剧萎缩，2017年出口金额只有58.8万美元，占比仅为2.5%。另外其他的草莓主要产区如鞍山和沈阳大多年份也都有草莓出口，好的年份出口金额能达到70多万美元，能占全省出口总额3%~4%，但大部分年份出口规模很小；营口和辽阳仅个别年份有极少量草莓出口（如图2-13所示）。

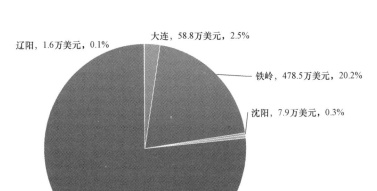

图2-13 2017年辽宁省各地区草莓出口金额和所占比例

第2节 辽宁省草莓出口产业竞争力分析

一个产业的竞争力主要从生产和市场两个方面体现出来。从生产的角度看主要体现在规模和效率上。从市场的角度看主要有两个方面：一是价格因素，不同国家（地区）的某产业以相同的产品在国际市场上竞争，谁的价格低，谁的该产业就有较强的国际竞争力，反之亦然。二是非价格因素，主要是产品的品质、品种、品牌、市场营销等。不同国家（地区）的产品以相同的销售价格在市场上竞争，谁的产品品质好、品种好、品牌响、市场营销能力强，谁的产业就具有较高的竞争力，反之亦然。本文在度量辽宁草莓出口产业竞争力时，从生产竞争力、价格竞争力、质量竞争力、市场营销竞争力几个方面进行分析。

一、生产竞争力

草莓出口产业的基础环节是草莓的生产,只有生产出更多的优质草莓,才能获得更好的产业效益。这里我们选择规模优势指数、效率优势指数和综合优势指数三个指标来分析辽宁省草莓产业的生产竞争力。

(一)规模优势指数分析

一个地区在某一特定时期的某种农产品种植面积占该地区所有研究农产品种植面积的比值和同时期下高一级区域同一比值的比率,我们称之为规模优势指数,规模优势指数是衡量某地区某一农产品生产规模和专业化程度的重要依据。其计算公式为:

$$SAI_{ij} = \frac{S_{ij}}{S_i} \div \frac{S_j}{S}$$

其中 S_{ij} 是指 i 地区 j 产品的种植面积;S_i 是指 i 地区所有研究农产品的种植面积;S_j 是指高一级区域 j 产品的种植总面积;S 是指高一级区域所有研究农产品的种植面积。

当 $SAI_{ij} > 1$ 时,则能够说明同高一级区域的平均水平相比,j 产品在 i 地区内生产规模化程度较好,也就是具有规模优势;当 $SAI_{ij} < 1$ 时,则说明产品在 i 地区内生产规模化程度较差,即处于规模劣势。总之,如果 SAI_{ij} 值越大,就说明该地区生产某一农产品的规模优势越明显(见表 2-5)。

表 2-5 草莓生产大省 2011—2016 年草莓生产规模优势指数

播种面积单位:千公顷

分析指标	2011 年	2012 年	2013 年	2014 年	2015 年	2016 年
全国草莓播种面积	95.9	100.54	109.94	113.32	129.31	129.71
辽宁省草莓播种面积	11.7	12.86	14.36	15.24	17.87	11.37
山东省草莓播种面积	14.7	15.89	15.79	16.26	17.46	17.76
江苏省草莓播种面积	9.2	11.36	14.16	13.91	17.23	18.13
河北省草莓播种面积	12.3	12.3	12.4	12.5	12.63	12.93
安徽省草莓播种面积	12.2	12.94	14.94	16.2	17.4	18.9

续表

分析指标	2011年	2012年	2013年	2014年	2015年	2016年
全国农作物播种面积	159 859.36	161 827.4	163 453.12	164 965.83	166 829.28	166 939.04
辽宁省农作物播种面积	4 145.68	4 210.57	4 208.76	4 164.09	4 219.86	4 064.1
山东省农作物播种面积	10 865.44	10 866.98	10 976.44	11 037.93	11 026.54	10 973.18
江苏省农作物播种面积	7 663.25	7 651.56	7 683.63	7 678.62	7 745.04	7 676.92
河北省农作物播种面积	8 773.69	8 781.79	8 749.22	8 713.08	8 739.84	8 716.64
安徽省农作物播种面积	9 022.94	8 969.6	8 945.64	8 945.53	8 950.46	8 893.61
辽宁省草莓生产规模优势指数	4.704	4.916	5.073	5.328	5.463	3.601
山东省草莓生产规模优势指数	2.255	2.354	2.139	2.144	2.043	2.083
江苏省草莓生产规模优势指数	2.001	2.390	2.740	2.637	2.870	3.039
河北省草莓生产规模优势指数	2.337	2.254	2.107	2.088	1.864	1.909
安徽省草莓生产规模优势指数	2.254	2.322	2.483	2.636	2.508	2.735

资料来源：草莓播种面积来源于《中国农业统计资料》各年版本。农作物总播种面积来源于国家统计局网站。规模优势指数由作者计算得出。

从上表数据可以看出，辽宁、山东、江苏、河北和安徽这几个省草莓生产的规模优势指数都大于1，说明同全国的平均水平相比，这些省份草莓的生产规模化程度较好，也就是都具有规模优势。辽宁省同其他草莓主产省比较起来，规模优势指数最大，说明其草莓生产的规模化程度更高，规模优势更明显。从辽宁省自身的动态发展角度来看，2011年以来规模化程度一直在不断提高，但2016年出现了下滑，但仍保持在全国最高水平。

江苏省和安徽省呈现波动上升态势，而山东省和河北省呈现波动下降态势（如图 2-14 所示）。

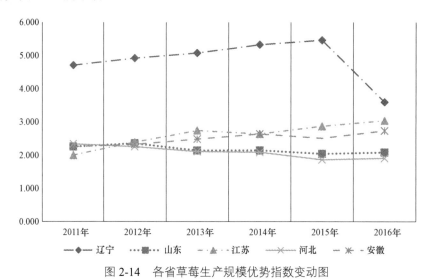

图 2-14　各省草莓生产规模优势指数变动图

（二）效率优势指数分析

某地区某一时期内一种农产品的单产水平与同时期高一级区域内该种农产品的单产平均值之间的比值即为效率优势指数。其具体的计算公式为：

$$EAI_{ij} = Y_{ij}/Y_j$$

式中，EAI_{ij} 表示 i 地区 j 产品的效率优势指数，Y_{ij} 是指 j 产品在 i 地区的单产水平，Y_j 代表 j 产品在高一级区域的平均单产水平。当 $EAI_{ij}>1$ 时，则说明同高一级区域平均单产水平相比，j 产品在 i 地区内的单产水平较高，也就是具有效率优势；反之，当 $EAI_{ij}<1$ 时，则说明 j 产品在 i 地区内单产水平较差，即处于效率劣势。总之，EAI_{ij} 越大，就说明该地区生产某一产品的效率优势越明显（见表 2-6）。

表 2-6　草莓生产大省 2011—2016 年草莓生产效率优势指数

单位面积产量单位：千克/公顷

分析指标	2011 年	2012 年	2013 年	2014 年	2015 年	2016 年
全国草莓单位面积产量	25 974	27 462	27 265	27 469	26 873	26 395
辽宁省草莓单位面积产量	37 468	37 403	38 537	37 906	35 534	36 801
山东省草莓单位面积产量	34 563	36 438	37 708	39 236	39 118	38 594

续表

分析指标	2011年	2012年	2013年	2014年	2015年	2016年
江苏省草莓单位面积产量	23 562	28 257	26 601	26 604	25 073	25 306
河北省草莓单位面积产量	31 828	32 276	32 610	33 104	34 679	34 230
安徽省草莓单位面积产量	22 904	24 111	24 193	24 007	24 023	24 354
辽宁省草莓生产效率优势指数	1.443	1.362	1.413	1.380	1.322	1.394
山东省草莓生产效率优势指数	1.331	1.327	1.383	1.428	1.456	1.462
江苏省草莓生产效率优势指数	0.907	1.029	0.976	0.969	0.933	0.959
河北省草莓生产效率优势指数	1.225	1.175	1.196	1.205	1.290	1.297
安徽省草莓生产效率优势指数	0.882	0.878	0.887	0.874	0.894	0.923

资料来源：草莓单位面积产量数据来源于《中国农业统计资料》各年版本。效率优势指数由作者计算得出。

从上表数据可以看出，辽宁省草莓的单位面积产量非常高，2011—2016年这几年中，最高的年份达到 38 537 千克/公顷，最低的年份是 35 534 千克/公顷。在几个草莓生产大省中，辽宁、山东、河北的效率优势指数＞1，说明这三个省同全国平均单产水平相比，草莓生产的单产水平较高，都具有效率优势。而安徽和江苏在草莓生产方面不具有效率优势。2011—2013年辽宁省的效率优势高于这几个草莓生产大省，但从2014年开始被山东省赶超，并且辽宁省草莓生产的效率优势这几年有下降的趋势。河北省的生产效率呈现上升态势，安徽省比较稳定但也有小幅上升，河北省有下降的趋势（如图2-15所示）。

（三）综合优势指数分析

综合考虑规模化优势指数和效率优势指数，得到它们的几何平均数，即为综合优势指数。其具体的计算公式为：

$$AAI_{ij} = \sqrt{SAI_{ij} \cdot EAI_{ij}}$$

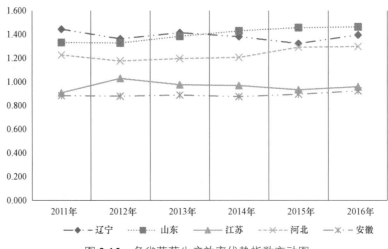

图 2-15　各省草莓生产效率优势指数变动图

AAI_{ij} 综合考虑了生产的规模和效率两个条件,当 $AAI_{ij}>1$ 时,综合来看,j 产品在 i 地区是具有生产优势的,随着 AAI_{ij} 值的增大,即其综合优势也在不断增强(表2-7)。

表 2-7　草莓生产大省 2011—2016 年草莓生产综合优势指数

地区	2011年	2012年	2013年	2014年	2015年	2016年
辽宁	2.605	2.588	2.678	2.711	2.688	2.241
山东	1.732	1.767	1.720	1.750	1.724	1.745
江苏	1.347	1.568	1.635	1.598	1.636	1.707
河北	1.692	1.628	1.588	1.586	1.551	1.573
安徽	1.410	1.428	1.484	1.518	1.497	1.589

资料来源:作者根据原始数据计算得出。

从综合优势指数的计算结果看出,辽宁、山东、江苏、河北、安徽这几个省份的综合优势指数都大于 1,在草莓生产上都具有优势。其中辽宁的优势排在首位,但值得注意的是辽宁省的生产优势有下降的趋势。河北省也有下降趋势,山东省相对稳定,江苏省和安徽省的综合优势有所上升(如图 2-16 所示)。

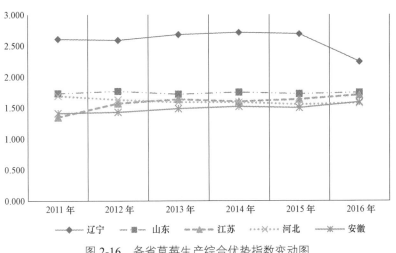

图 2-16　各省草莓生产综合优势指数变动图

通过上面的分析我们可以得出结论，辽宁省草莓产业在生产方面竞争力还是很强的，高于其他几个草莓主产省。但我们不能忽视的是这种竞争力近年来稍有下降态势。因此要采取措施保持和提高生产竞争力水平。

二、价格竞争力

价格是影响水果国际竞争力的重要因素之一。在同一个目标市场上，如果两个出口国提供同一种产品，而且产品的差异性不大，即产品质量和安全指标非常接近，而且企业的营销策略差别也不大，并且进口国不采取差别性关税待遇时，出口价格低的产品竞争力就强。出口价格是非常直观、也比较容易得到的指标。因此，本文在研究草莓价格竞争力的时候，用出口价格指标来分析辽宁省和其他主要出口国家草莓在国际市场上的价格竞争状态。但是由于辽宁省的统计数据有限，我们没有得到辽宁省草莓的具体出口价格，只好以中国草莓的平均出口数据来代替，应该不会对分析结果产生太大影响。

各种类型的草莓产品出口价格是不同的，因为冷冻草莓是我国也是辽宁省草莓出口中所占比重最大的产品类别（2017年中国草莓出口中71%是冷冻草莓，辽宁省草莓出口中87%是冷冻草莓），因此我们在分析草莓出口价格竞争力的时候，用冷冻草莓的出口价格来分析。图2-17显示的是2017年中国和世界上几个主要草莓出口国的平均出口价格，可以看到中国的冷冻草莓出口价格最低，为 1.4 美元/千克，波兰、墨西哥、美国、西班牙这些冷冻草莓的出口大国价格分别比我们高 0.32 美元/千克、0.1 美元/千克、0.47 美元/千克、0.15 美元/千克。通过比较可以看出，辽宁省草莓出口产业在价格方面具有很强的竞争优势。

图 2-17　2017 年主要出口国冷冻草莓平均出口价格比较

另外，我们也可以从进口市场的角度看看我们的产品是否具有价格竞争力。日本是辽宁草莓的主要出口市场，辽宁省每年有近一半的出口草莓要进入日本市场。日本草莓栽培技术高，果品品质好，售价也较高。普通超市每盒（重量 350 克左右）600～1 000 日元（10 000 日元合人民币 625 元左右），高档超市每盒 3 000～6 000 日元，精品草莓屋每盒 10 000 日元以上，平均每个果实折合人民币约 50 元。日本从中国进口草莓后进行再加工处理，主要用来生产草莓酱，而中国产品的最大优势是具有价格竞争力，如果质量和货源有保障，就能长期在日本市场上同其他国家产品进行竞争。

三、质量竞争力

质量是决定草莓产业国际竞争力的一个关键要素，较高质量的产品具有较高的竞争力，并且能够获得较高的附加价值。辽宁省尤其是草莓第一大产区丹东从自然条件上看特别适宜草莓的种植，生产的草莓从口感、大小、颜色等方面对比，丹东草莓都要好过其他地区的同品种草莓。2012 年，丹东东港被国家质量监督检验检疫局确定为"出口草莓质量安全示范区"，草莓生产全部按照辽宁省地方标准《无公害食品草莓生产技术规程》操作，实行统一种苗、统一技术、统一检测、统一包装、统一销售策略、确保草莓生产安全、放心。出口企业为了保证出口产品的质量标准，投入大量资金用于基地建设，但由于基地产品从数量上难以保证需求，还需以合同或其他方式进行生产，这就为出口企业带来质量安全风险压力。我们不得不承认，有些产区在草莓生产过程中还存在重茬严重、农药使用不规范、乱用生长调节剂等现象，影响草莓产品质量。

另外，由于目前中国农产品加工技术水平不高，草莓的采后加工处理以及贮运方面还比较薄弱，所以我们出口到国际市场的草莓质量竞争力并不是很强。日本市场对中国草莓的总体评价是：色泽外观和冷藏处理属于一般水平，杀菌处理欠缺，往往引发变色变质现象，所以日本从中国进口后需进行再加工处理，主要用来生产草莓酱，而中国产品的最大优势是具有价格竞争力。可见，辽宁省的草莓出口产品在色泽、口感等方面在国际市场上并不出众，可替代品较多，不足以让产品在国际市场上实现平等话语权，并且获得较高的附加价值。

四、市场营销竞争力

一个国家或地区某一产业的竞争结果，可以通过该产业在市场上的表现反映出来。无论是从市场占有率角度还是从盈利能力角度来看，出口情况是反映一国某产业国际竞争力的非常重要的指标。近些年来，辽宁省草莓出口规模不断增大，在我国的草莓出口市场开始占有一席之地，因此本文选取国际市场占有率指数（MS）和显示性比较优势指数（RCA）两个指标来分析辽宁省草莓产业的市场营销竞争力。

（一）国际市场占有率指数

国际市场占有率指数（MS）公式可以表示为：

$$MS = X_i / X_j$$

其中 X_i 表示 j 产品在 i 国（或地区）的出口额，X_j 表示 j 产品同一时期在国际上的总出口额。一般来说，国际市场占有率指数越高，就说明该国家或地区某一产品的出口竞争力越强，在国际市场上的竞争优势越明显，同时也说明该种产品的营销竞争力越强（见表 2-8）。

表 2-8　2011—2017 年草莓产品的国际市场占有率指数（MS）

出口额单位：亿美元

分析项目	2011 年	2012 年	2013 年	2014 年	2015 年	2016 年	2017 年
世界草莓出口额	32.149	33.175	33.476	34.715	32.928	34.449	36.462
辽宁省草莓出口额	0.228	0.221	0.197	0.159	0.174	0.200	0.238
山东省草莓出口额	1.087	1.061	0.868	0.793	0.711	0.834	0.925
江苏省草莓出口额	0.211	0.211	0.177	0.148	0.164	0.196	0.135
河北省草莓出口额	0.164	0.131	0.116	0.064	0.041	0.057	0.068
安徽省草莓出口额	0.032	0.027	0.019	0.016	0.016	0.018	0.029
辽宁省 MS	0.007 1	0.006 7	0.005 9	0.004 6	0.005 3	0.005 8	0.006 5
山东省 MS	0.033 8	0.032 0	0.025 9	0.022 8	0.021 6	0.024 2	0.025 4
江苏省 MS	0.006 6	0.006 4	0.005 3	0.004 3	0.005 0	0.005 7	0.003 7
河北省 MS	0.005 1	0.003 9	0.003 5	0.001 8	0.001 2	0.001 7	0.001 9
安徽省 MS	0.001 0	0.000 8	0.000 6	0.000 4	0.000 5	0.000 5	0.000 8

资料来源：中国数据来自中国海关，世界数据来自联合国贸易商品统计数据库。MS 指数由作者计算得出。

从上表数据看出，2011—2017 年间，辽宁省草莓国际市场占有率在 0.05～0.07 之间呈 V 形波动，虽然比江苏、河北、安徽几个草莓生产大省的国际市场占有率高，但是和草莓出口大省山东省相比，辽宁省草莓产品的国际市场占有率还有很大的差距，提升的空间很大。虽然市场占有率不高，但值得欣慰的是最近几年呈现的是上升的态势。辽宁省应该以山东省为标杆，进一步增强草莓产品的出口竞争力，以大大提高本省草莓产品在国际市场的占有率（如图 2-18 所示）。

（二）显示性比较优势指数

显示性比较优势指数（RCA）的公式为：

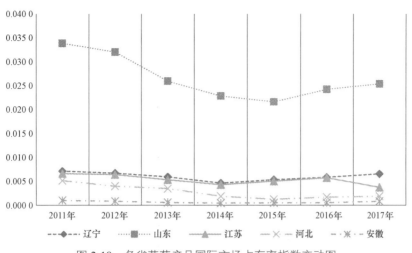

图 2-18　各省草莓产品国际市场占有率指数变动图

$$\mathrm{RCA}_{ia} = \frac{X_{ia}/X_{it}}{X_{wa}/X_{wt}}$$

式中，X_{ia} 是国家 i 在产品 a 上的出口，X_{wa} 是 a 产品在世界市场上的总出口，X_{it} 是 i 国在 t 时期的总出口，X_{wt} 是世界市场上在 t 时期的总出口。

这一指标反映了一个国家某一产品的出口与世界平均出口水平比较来看的相对优势，它剔除了国家总量波动和世界总量波动的影响，较好地反映了该产品的相对优势。一般而言，若 RCA<1，则该国在该产业或产品上处于比较劣势；若 RCA>1，则处于比较优势，取值越大比较优势越大。也有学者做了更为详细的划分，他们认为，如果 RCA 指数大于 2.5，表示该类产品具有极强的出口竞争力；RCA 指数介于 1.25~2.5 之间，表示具有较强的竞争力；RCA 指数介于 0.8~1.25 之间，表示具有中等竞争力；RCA 指数小于 0.8 则表示竞争力较弱。2011—2017 年草莓产品的显示性比较优势指数（RCA）见表 2-9。

表 2-9　2011—2017 年草莓产品的显示性比较优势指数（RCA）

出口额单位：亿美元

分析指标	2011 年	2012 年	2013 年	2014 年	2015 年	2016 年	2017 年
世界商品出口总额	183 379.97	184 959.98	189 564.95	189 703.32	165 246.82	160 323.38	177 067.06
世界草莓出口额	32.149	33.175	33.476	34.715	32.928	34.449	36.462

续表

分析指标	2011 年	2012 年	2013 年	2014 年	2015 年	2016 年	2017 年
辽宁省商品出口总额	510.424	579.591	645.220	587.452	507.110	430.628	448.659
山东省商品出口总额	1 470.375	1 370.961	1 439.257	1 447.087	1 341.901	1 287.092	1 257.126
江苏省商品出口总额	3 630.262	3 190.531	3 386.448	3 418.325	3 288.018	3 285.235	3 125.901
河北省商品出口总额	313.574	305.755	329.328	357.102	309.606	295.982	285.698
安徽省商品出口总额	305.961	284.467	322.702	314.854	282.513	267.485	170.826
辽宁省草莓出口额	0.228	0.221	0.197	0.159	0.174	0.200	0.238
山东省草莓出口额	1.087	1.061	0.868	0.793	0.711	0.834	0.925
江苏省草莓出口额	0.211	0.211	0.177	0.148	0.164	0.196	0.135
河北省草莓出口额	0.164	0.131	0.116	0.064	0.041	0.057	0.068
安徽省草莓出口额	0.032	0.027	0.019	0.016	0.016	0.018	0.029
辽宁省 RCA	2.546 4	2.125 3	1.727 4	1.481 4	1.726 8	2.159 3	2.570 7
山东省 RCA	4.217 0	4.316 6	3.416 1	2.993 4	2.659 4	3.016 5	3.572 4
江苏省 RCA	0.332 0	0.368 3	0.296 1	0.236 6	0.250 4	0.277 7	0.209 7
河北省 RCA	2.982 5	2.385 1	1.993 5	0.982 3	0.661 3	0.901 4	1.154 3
安徽省 RCA	0.595 5	0.538 9	0.329 8	0.269 6	0.289 3	0.311 0	0.838 6

资料来源：中国数据来自中国海关，世界数据来自联合国贸易商品统计数据库。RCA 指数由作者计算所得。

从表 2-9 可以看出，2011—2017 年间辽宁省草莓的显示性比较优势指数也是呈现出 V 形变化态势。2011 年和 2017 年的显示性比较优势指数分别是 2.546 4 和 2.570 7，都大于 2.5，说明具有很强的竞争力。其他年份介于 1.25～2.5 之间，竞争力较强。2011—2017 年辽宁省草莓产品显示性比较优势指数的均值是 2.048 2，说明具有较强的竞争力。但是与草莓出口大省山东省相比，辽宁省还是存在很大差距。河北省的草莓产业也具有较强竞争力，但不如辽宁省高。江苏省和安徽省的竞争力较弱（如图 2-19 所示）。

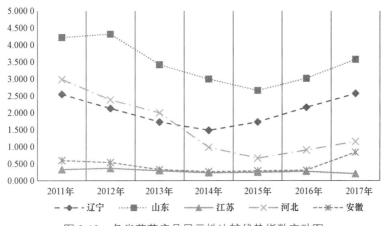

图 2-19　各省草莓产品显示性比较优势指数变动图

通过上面的分析我们可以得出结论，从出口的角度上看，辽宁省与其他草莓主产省相比有一定的市场竞争力，但是跟山东省相比还存在一定的距离，需要不断加强。

另外，对草莓产业市场营销能力的评价，我们还可以从营销渠道、促销策略等多方面进行，但对这些方面的评价很难量化，只能进行定性分析。通过对辽宁省草莓种植户调研发现，在种植户采用的渠道策略中，存在着销售渠道单一、现代流通方式发展缓慢、配套设施不健全的问题；在促销策略中，主要存在着宣传方式少、宣传力度不够的问题。从这些方面看辽宁省草莓产业的市场营销竞争力还有待进一步提升。而且我们必须认识到，RCA 指数较高反映出辽宁省草莓的出口与世界平均出口水平相比有一定的竞争力，但从国际市场占有率上看我们的份额还是很小的，还有进一步上升的空间。

第3节 辽宁省草莓出口产业发展的 SWOT 分析

一、优势分析

(一) 草莓生产的自然资源条件优越

草莓是多年生草本植物,它的生长期喜欢温暖的环境,不喜欢寒冷和高温,休眠期则比较耐寒冷,喜欢光照又耐阴,适宜湿润忌干旱和渍害。其生长发育期间各个阶段对光温要求不同,不同部位对温度的需求也不同。北纬 40°是草莓栽培最佳区域。

辽宁省地处东经 118°53′~125°46′,北纬 38°43′~43°26′,在祖国东北南端,属于温带大陆性季风气候区。虽然地形、地貌较为复杂,省内各地气候不尽相同,但总的气候特点是四季分明、寒冷期长、雨量集中、东湿西干、平原风大、日照丰富。全省各地年平均气温 5~10℃,年平均降水量一般 500~1 000mm。全年降水量主要集中在夏季,6—8 月降雨量约占全年降水量的 60%~70%。这里冬季阳光充足、昼夜温差大,适量的降雨与较丰富的光热资源在空间上有效配置,为草莓生长提供了得天独厚的气候条件;全省土壤类型和质地虽有差别,但基本满足草莓生长发育要求,土质疏松,酸碱度适中,有利于草莓糖分的积累和风味的形成,是国际公认的草莓栽培理想地带。

(二) 市场区位优势明显

辽宁省是我国东北地区南部的沿海省份,是中国东北经济区和环渤海经济区的重要结合部。南临渤海、黄海,隔鸭绿江与朝鲜为邻,东南隔海与韩国、日本相望,东、北、西三面与吉林、内蒙古、河北等省区接壤,靠近俄罗斯,是连接欧亚大陆桥的要冲,是东北地区进行对外贸易和国际交往的重要通道。从国内市场看,辽宁省北邻的吉林、内蒙古、黑龙江等省区,由于生态环境因素的影响,自产水果少、质量差、果品市场开发潜力大;就国际市场来说,辽宁省对蒙古、俄罗斯等国的果品市场也具有开发基础和竞争的优势。如俄罗斯的远东地区自产水果的自给率不到 1%。辽宁省距离其传统出口市场日本、韩国的水路交通非常便利，运输成本低。与其他省份相比，要打入上述国家和地区的市场，具有一定的品种优势、运输优势和价格优势，市场前景广阔。

另外辽宁省拥有完善的港口基础设施，无论是航空、海运、高铁和公路等都非常发达，农村通往市区的公路也很便利。途经辽宁境内的高速公路 20 条，可与 6 大国际经济走廊衔接并形成陆海互动，陆桥运输费用较海上运输节省 20%~25%；海运已开通世界上 100 多个国家和地区；国际机场有沈阳桃仙国际机场和大连周水子国际机场，其国际航线（含地区）达到 66 条。这些都为草莓运输和消费提供了便利，也为辽宁省草莓出口产业的发展提供了得天独厚的条件。

（三）草莓产业基础牢固

辽宁省野生草莓资源大约有 300 多年的历史，且种类丰富。草莓栽培历史已有 100 多年，据《丹东市志》记载，丹东草莓种植始于 1924 年，由东港市椅圈镇（原安东县马家岗镇）夏家村农民李万春引入日本鸡心草莓开始，经几代人累积的成熟种植管理技术和得天独厚的地理气候条件，让东港草莓成为品质无可复制的优质果品。辽宁省草莓产业近年来更得以长足发展，重点市呈现规模发展，初步形成了产、供、销和农、工、贸的产业链，产业基础好。目前，辽宁省草莓生产能力与出口规模在全国都处于领先地位，并取得了较好的经济效益。

（四）科技实力雄厚

辽宁是草莓智力资源聚集地，具有丰富的草莓科研资源。沈阳农业大学是全国最早从事草莓科研、推广的院校之一，培育了"长虹一号""艳丽"等系列拥有自主知识产权的草莓新品种，为我国草莓产业发展做出了突出贡献。

早在 1991 年，辽宁东港市就成立了全国独家、全国首家县级草莓研究所。2013 年他们又成立了立足辽宁、全国一流，集草莓科研、技术推广、种苗生产及保鲜包装技术为一体的辽宁草莓科学技术研究院，承担丹东乃至全省的草莓科研与推广工作，有效地解决了辽宁省草莓发展中的技术难点问题。近年来，辽宁草莓科学技术研究院先后承担和完成国家、省、市级引智、科研、推广项目任务 20 多项，获得省、市级科研成果 10 多项和科技进步奖 9 项；收集国内外草莓品种资源近 200 个，引进试验并大面积推广了 20 余个国内外草莓新优品种和 30 余项先进生产技术，在省内外组织技术培训班近 200 场次，直接培训科技人员及农民 5 万多人次。

（五）基地县示范作用明显

东港市是我国最大的草莓生产和出口基地，是原农业部命名的"无公害农产品生产基地"，是"中国草莓第一县"和辽宁省政府首批命名的"一县一业"（草莓）示范县。2004 年"东港草莓"被国家工商总局核准注册为国家地理标志，"东港草莓"商标于 2010 年被社科院等部门评定为"辽宁省十佳农业品牌"；2012 年东港市被国家质量检验检疫总局命名为出口草莓质量安全示范区；2011—2015 年连续 5 年被评估为全国最具影响力和最具消费者欢迎的农产品区域公用品牌，现品牌价值 63.61 亿元。全市有 9 万户农民、2 000 多名经纪人以及上百家企业从事草莓生产、加工和商贸，年出口草莓制品近 4 万吨，出口创汇达 3 500 多万美元。东港市现有无公害草莓专业合作社 128 家，家庭农场 28 家，有机农产品认证企业 2 家，现代草莓科技示范园区 200 余个。

东港市日光温室草莓 10%为本地鲜果销售、90%采用精包装远销至东北三省及北京、上海、深圳、内蒙古、河北、天津等地大中城市；早春大拱棚草莓 10%用于本地鲜果销售或加工，90%精包装远销至东北三省及内蒙古等地；露地草莓品种以加工为主，加工制品主要包括草莓罐头、草莓酒、速冻草莓、草莓粉、草莓脯、草莓酱。产品主要出口至欧洲及日、韩等国家。

此外，东港市还是全国最大的草莓良种苗木繁育基地，除了满足本地草莓生产需求外，优质种苗还远销至包括新疆、西藏在内的全国各地。目前东港市已成为辽宁省乃至全国草莓新优品种、优质种苗、优质产品的集散地，为辽宁草莓产业的发展起着很好的辐射带动作用。

二、劣势分析

（一）地区发展不均衡

辽宁省草莓产业在长期发展过程中虽然取得了理想的成绩，但是地区间的发展并不平衡。丹东市草莓栽培面积是最大的，占据总面积的一半以上，而大连市的栽培面积占据总面积的 30%，沈阳市栽培面积占据总面积的 10%，辽阳市栽培面积占据总面积的 2%。上述四个城市的草莓栽培面积已经占据了总面积的 90%以上，而省内其余城市所占比重却不足 10%。

（二）栽培品种单一老化，优质种苗应用率低

辽宁省草莓主栽品种主要是日系品种"红颜""幸香""章姬""佐贺清香" 等，约占栽培面积的 75%以上；美国的"甜查理"约占 15%。栽培品种相对单一，且种性退化严重。虽然近年来我国自行培育出一批具有自主知识产权的优新品种，但这些品种的知名度和认可度还比较低。比如2014 年草莓新品种"艳丽"通过了辽宁省作物品种备案委员会备案，在辽宁省辽阳市、丹东市、大连市已有栽培，但所占比重还是极小。另外种苗繁育不规范，人为造成品种混杂，且病害重。有的选择种性退化的品种育苗，甚至应用大棚结果后的苗当种苗，不可能育出优质良种苗木，也就不能保证产品质量。

（三）标准化生产水平低

主要表现在三个方面：一是农药使用不规范。在辽宁省草莓产业发展的过程中，对于病虫害的治疗过分关注，但忽视了预防的重要作用。由于目前草莓品种性能退化，普遍缺乏抗病能力，因此在生产过程中农药使用次数偏多，且在用药品种选择、用量控制、时间间隔等方面不按标准和规程操作，农药残留超标问题时有发生。二是乱用生长调节剂。正确使用植物生长调节剂是草莓高产优质的一项辅助措施，但近年来出现应用不合理的问题，导致减产和品质变劣，不仅影响种植效益的提高，也给消费者带来恐惧心理。三是连作障碍问题日益突出。草莓连续多年种植造成土壤酸

化、板结，病毒病、线虫病基数高，特别是设施栽培条件下没有降水淋洗，一些地方土壤 pH 值已降至 5.0 以下，土传病害偏重发生。严重影响草莓产量的提高和品质的改善。这种情况在辽宁省各栽培区均有不同程度的发生。

（四）采后加工处理能力较弱，出口产品单一

草莓的保鲜期很短，即使是冷藏，也仍然存在货架期短的问题。目前，辽宁省草莓普遍上市时间短而集中，在满足鲜销的同时仍有大量物美价廉的草莓鲜果需要储存或加工。近几年，辽宁省也在努力推动草莓精深加工发展，比如重点扶持了东港市广天食品、永明食品、东大食品等一批草莓加工企业。但是总体看来省内的草莓加工仍处于初级阶段，加工企业数量少，出口加工能力也有限。加工产品仅限于冷冻草莓、草莓果汁、草莓罐头等很少的品种，且加工品种中 90%为速冻草莓，精、深加工能力极其薄弱，使得辽宁省得天独厚的草莓资源利用率并不高。草莓加工产品在欧美等发达国家具有较大的市场需求，由于加工能力弱，也限制了辽宁省草莓走向国际市场的能力。例如 2017 年辽宁省草莓出口额在 100 万美元以上的出口企业只有四家，分别为开原川顺食品有限公司，年出口额 368 万美元；东港市佳明食品有限公司，年出口额 210 万美元；辽宁长盛源食品有限公司，年出口额 119 万美元；丹东明大食品有限公司，年出口额 103 万美元。且辽宁省出口的草莓产品，也主要以速冻草莓为主。

另外，我国国内草莓消费以鲜果为主，草莓因皮薄而自我保护能力弱，采摘后在运输、贮存方面要求很高，需要全程冷链运输。现在辽宁省草莓产业极其缺乏从产地物流中心至销往区储运地的全程冷链储运体系，缺乏服务质量较高的冷链物流公司。虽然农村现在逐渐增多带有保温功能的小箱货车，但是大型的物流公司并不多，快递业务也并不发达，这就制约了草莓销售的范围。

（五）品牌化建设滞后，市场开拓乏力

品牌也是产品竞争力的一个重要组成部分，对于消费者来说有时会根据产品的声誉和口碑来进行选择商品。如果一个产品在国内、国际市场上

树立起自己的品牌，就会吸引更多的消费者，从而增加其市场份额。随着草莓产业的发展，辽宁省各地及农业专业合作组织也相应创立了各自草莓品牌，但除"东港草莓""庄河草莓"等几个地域品牌具有较高的社会认知度外，大多品牌社会认知度较低。而且，在区域品牌管理和维护方面做得也不到位，导致品牌信誉度降低，直接影响消费者的购买欲望。出口产品更是没有在国际市场上叫得响的品牌，品牌化建设滞后。

在草莓销售方面，还存在销售渠道单一、现代流通方式发展缓慢、宣传方式少、宣传力度不够的问题等。这些营销问题都制约着国际国内市场的进一步开拓。

三、机会分析

（一）市场需求增长快

目前健康食品逐渐受到更大关注的趋势，在美国和欧洲等发达市场越来越明显。这也鼓励消费者们使用更天然的产品，其中就包括了水果和各类果浆，这一趋势预计将在未来几年持续。草莓营养丰富，口感甜酸，是孕妇补酸、补铁佳品，富含维生素 C 和矿物质，其中维生素 C 含量约为等量西瓜、葡萄或苹果的 10 倍，有"水果皇后"之誉。草莓具有润肺、健脾、补血、益气的功效，是较好的滋补佳品。因而也有越来越多的消费者在众多水果当中选择食用草莓，颠覆食用传统水果品类的习惯。2007 至 2016 年的世界草莓市场规模增长非常强劲，复合年增长率（CAGR）为 5.0%。而在亚洲各个新兴市场中，当地消费者们也对草莓有着更大而更强劲的需求。因为草莓消费量在这些市场中仍然属于较低水平（但也在增加当中），扩张市场的潜力还是非常充足。就眼前而言，相对于全球人口增长以及目前消费者们追求健康食品的趋势，预计草莓食用量将继续增加，2025 年的市场食用量将达到 1 150 万吨。全球草莓食用量最高的国家分别为中国（41%）、美国（16%）、埃及（5%）、土耳其（4%）、墨西哥（4%）和德国（3%），共占全球食用的近 73%。从 2007 至 2016 年，墨西哥的草莓食用量年增长率最高，为 12.7%；其次为埃及，增长率为 12.2%。中国在全球草莓食用方面的市场份额也大幅增加，从 2007 至 2016 年就实现了近 9 个百分点的实际增长。这为辽宁省草莓产业的发展提供了良好的市场空间。

（二）政府高度重视与大力扶持

草莓产业的发展不但能为促进农民增收、脱贫致富发挥积极作用，而且，草莓作为适宜农业旅游、观光采摘的水果，也促进能一、二、三产业的融合发展。因此辽宁省政府和各主产市县政府都对草莓产业的发展高度重视。

例如，辽宁省政府把东港市草莓产业列为"一县一业"试点县，并在政策、项目资金等方面给以大力支持。"十二五"期间又为大连、庄河两级政府投资1.9亿元，发展草莓设施栽培，主要用于设施建设补贴，有力地促进了草莓产业的发展。又如，近年来金州新区政府对草莓种植户的设施建设和模具给予了政策和资金支持，还做好基础扶持、设施扶持、典型扶持、销售扶持等方面的工作。辽宁省政府对草莓产业的扶持政策还包括：协调各方面关系，做好土地流转工作，为创建示范园区打下良好的基础；帮助生产园区解决电力、水利、道路等难题，安装新能源设备，节约成本；对第十届中国（大连·金州）草莓文化旅游节中参评获奖者强化宣传，引导群众向典型学习；政府积极拓宽草莓销售渠道，招商建立产品加工厂，给予相关的优惠政策。

辽宁省政府部门还非常重视草莓出口贸易，通过建设出口草莓质量安全示范区（目前东港市已建成国家级出口草莓质量安全示范区、丹东凤城市建成省级小浆果出口示范区，铁岭开原市建成省级草莓及甜玉米出口示范区），金融支持草莓加工企业发展、强化草莓技术标准并规范其出口管理、实施提升草莓产品出口便利和通关效率的"三通"（通报、通检、通放）模式等政策设计及制度安排，为辽宁省草莓出口产业创造了良好的发展环境。

（三）"一带一路"及"辽宁自贸区"发展契机

"一带一路"倡议是国际博弈中"合纵连横"的一个大战略，是推进经济发展的一条重要途径。辽宁是"丝绸之路经济带"圈定的13个省份（直辖市、自治区）之一，"一带一路"建设不仅为辽宁经济全面深化改革和持续发展创造前提条件，也为草莓出口产业发展带来了机遇。辽宁草莓出口产业要抓住"一带一路"倡议以及"辽宁自贸区"建设的发展契机，在辽宁省特色草莓产品的发展上取得新的突破和发展。

四、风险分析

（一）生产成本压力上升

中国近年来农业生产成本持续上升，对劳动密集型出口产业影响较大。首先在草莓种植环节，人工成本的上升、土地流转费用的提高、种苗农药化肥等生产资料价格的上涨，导致产品的生产价格不断提高，必然会影响其价格竞争力。其次在加工出口环节，出口企业存在严重的用工困难。有调研显示，辽宁省果蔬行业劳动力成本高，计件工人的平均月工资为4 000~5 000元还难以招到，近5年劳动力成本每年以10%左右的速度增长。很多农产品出口企业规模在做大的同时，利润水平在逐年缩小，影响了企业的出口积极性。

（二）来自生产和市场的竞争激烈

首先，在生产方面会面临本地果品产业之间的竞争。果品产业是辽宁省农民增收致富的主导产业，近年来以油桃、樱桃等浆果为主的果树面积不断扩大，与草莓产业发展存在土地资源和消费市场的竞争。

第二，在国内市场上，草莓同质化和差异性不明显等特点，加剧了辽宁省与周边省市及国外进口草莓的竞争。目前，全国各地草莓产业发展势头强劲，其中山东省无论在栽培技术研究、新品种选育和引进方面，还是种植、加工和出口方面都为国内同行前列。以山东烟台为例，改良了现有品种，推出早熟草莓，比正常草莓能提前半个月上市，率先抢占市场，以较高价格出售，提高了收入，大大提升了草莓种植户的生产热情。还有河北"绿波"草莓，以低价优势占据了草莓市场半壁江山。

第三，在国际市场上，我们也面临着严峻的挑战。全球70%的草莓出口由西班牙、美国、墨西哥和荷兰提供，他们的产品在国际市场上具有绝对的竞争力。比如说辽宁草莓的主要市场日本，虽然目前中国是日本进口冷冻草莓的最大来源国，2017年从中国进口冷冻草莓的金额占进口总金额的29.3%，但是我们要看到，还有几个国家在日本市场上也很有竞争力，比如美国占14.4%的市场份额，韩国、澳大利亚、德国也是我们重要的竞争对手。中国在日本草莓市场的成功最主要是得益于具有竞争性的价格，但如果我们仅能停留在价格竞争力这个层面，甚至随着国内生产成本的上升，在我们的价格竞争优势逐渐降低的情况下，我们的市场份额就会被冲击。

（三）国际市场贸易壁垒日趋严格

在经济复苏乏力的情况下，一些国家为抢占市场、提高产业竞争力，频繁采取贸易保护主义措施。贸易壁垒已成为限制我国农产品出口的主要障碍，受贸易壁垒限制的产品范围由水产品、禽肉等动物源性产品扩展到蔬菜、水果、花生等植物产品和加工产品，几乎覆盖了我国出口的所有农产品。欧盟、日本等国家（地区）以我国出口农产品存在疫病和农药残留等卫生安全问题为由，多次对我国出口农产品进行封杀，并逐步加强对我国出口农产品的检验检疫，阻碍我国农产品出口。例如：欧盟就曾经对中国冷冻草莓发起过反倾销调查；欧盟食品兽医办公室（FVO）曾来华对输欧盟冷冻无核水果产品微生物控制体系进行审核；等等。

（四）质量安全风险不容忽视

受生产者安全意识弱、生产操作不当、环境污染等原因的影响，草莓在生产的过程中存在一些质量安全隐患。草莓生产的质量安全风险主要表现在以下几方面：第一是微生物和寄生虫卵的污染。草莓表皮组织娇嫩，又通常贴地栽培，易受微生物侵染。污染草莓的微生物主要有肠道致病菌、酵母菌、霉菌、醋酸菌等，其来源主要有两个方面：一方面是种植生产中的灌溉用水、施肥和空气中的微生物污染；另一方面是采收后流通过程中侵入的腐生微生物。如果在生长中施用有机肥和使用生活废水进行灌溉，其寄生虫污染也较为严重。第二是农药、化肥污染。我国草莓生产中常通过使用农药和化肥提高产量，但化肥和化学农药对草莓安全质量有较大影响，使成熟后的草莓表面存在农药残留，鲜食安全性下降。2016年辽宁省草莓第二批农药监督抽查结果显示，农药产品中擅自添加其他成分的有361个，占质量不合格产品的53.9%。第三是工业废水污染。辽宁省经济发展较快、交通便利，有利于草莓的运输。然而工业较为发达，如果对工业污染物处理不当，在这些地区种植和生产草莓，容易造成草莓的工业污染，特别是工业废水的污染，会降低草莓的安全质量。第四是保藏剂的残留。化学保鲜剂方法在草莓保藏中应用比较广泛，但在保鲜剂的使用中，如果不严格按照规定剂量进行操作，就会造成保鲜剂的残留超标，同时有的产品还在使用含硫类保鲜剂，危害更大。

所以在发展草莓产业的同时，质量安全机制必须同步完善。现阶段，辽宁省积极开展了果品安全监管工作，取得了一定的效果。然而，在建设草莓质量安全机制方面始终存在不足之处，因此需要采取有效的措施予以调整。

（五）出口市场过于集中

辽宁省草莓产品出口主要集中在日本、欧盟各国，还有俄罗斯、美国和韩国，对日本和欧盟各国出口依存度较高。在目前的市场结构中，2017年日本市场对辽宁省草莓产品出口的贡献率为52.2%，欧盟各国的贡献率为27.6%，俄罗斯的贡献率为9.8%。贡献率也意味着风险率，出口市场的过分狭窄，导致草莓产品国际市场风险相对集中，一旦这些国家的进口政策发生变化，将极大影响辽宁省草莓产品出口份额。

五、辽宁省草莓出口产业SWOT分析矩阵

通过对辽宁省草莓出口产业发展的内部条件因素，即优势因素（S）和劣势因素（W），外部环境因素，即机会因素（O）和风险因素（T）进行了归纳和分析，在此基础之上建立了SWOT分析矩阵，得出辽宁省草莓出口产业发展的两种战略（SO主动进攻式战略和ST对应防御式战略）、两种对策（WO渐进式对策和WT防守式对策），为制定辽宁省草莓出口产业发展方向和政策提供借鉴（见表2-10）。

表 2-10 辽宁省草莓出口产业发展战略 SWOT 分析矩阵

		机遇因素（O）	风险因素（T）
内部条件因素		1. 市场需求增长快	1. 生产成本上升
		2. 政府高度重视与大力扶持	2. 来自生产和市场的竞争激烈
外部环境因素		3. "一带一路"发展契机	3. 国际市场贸易壁垒日趋严格
			4. 质量安全风险不容忽视
			5. 出口市场集中
优势因素（S）		SO 战略：主动进攻（发挥优势，抓住机遇）	ST 战略：对应防御（发挥优势，规避风险）
1. 草莓生产的自然资源条件优越		1. 扩大草莓生产规模	1. 发挥区域优势，培育特色产品
2. 市场区位优势明显		2. 加大草莓外销力度	2. 建立出口风险预警体系
3. 草莓产业基础牢固		3. 发挥草莓产业优势	3. 完善出口产品质量安全体系
4. 科技实力雄厚		4. 加快科技成果转化与推广	4. 培育多元化的出口市场
5. 基地县示范作用明显		5. 政府加大扶持力度	
劣势因素（W）		WO 对策：渐进式（抓住机遇，改变劣势）	WT 对策：防守式（改变劣势，规避风险）
1. 地区发展不均衡		1. 进一步优化草莓生产布局	1. 合理规划产业发展
2. 栽培品种单一老化，优质种苗应用率低		2. 强化种苗质量监管	2. 建立完善贸易预警、救助机制
3. 标准化生产水平低		3. 加大标准化生产	3. 优化商品结构，提高附加值
4. 采后加工处理能力较弱，出口产品单一		4. 发展草莓多元深加工	4. 开拓多元化销售渠道
5. 品牌化建设滞后，市场开拓乏力		5. 实施品牌战略	

第 4 节　辽宁省草莓出口产业发展和竞争力提升的政策建议

一、产业自身竞争力提升角度

（一）合理规划草莓产业发展

在发展既有草莓产业的同时，还应当合理地制订出该产业的发展计划。产业规模要扩大，但不能盲目扩大。要始终以市场作为重要的发展导向，以免出现产业规模扩张和市场需求不吻合的问题。始终坚持适度规模标准生产，有效地实现草莓产业的提质增效目标。除此之外，要进一步优化辽宁省草莓生产布局，对草莓栽培的形式进行适当调整。始终按照温室栽培的方式，在冬季温度相对较高的区域落实早春大拱棚的栽培手段，循序渐进地发展露地覆膜栽培，最终实现多种栽培形式并存的草莓产业配套发展模式。

（二）正确选择栽培品种和优质种苗

在辽宁省境内，草莓栽培品种包括三个系列，即日系品种、欧美系品种与国内自育品种。不同的草莓产区都要充分考虑自身栽培的形式与草莓产业的发展情况，另外还要结合栽培气候条件与管理水平等多种因素合理地选择草莓栽培的品种。其中，如果采用的是温室栽培与就近销售的方式，就可以选择日系品种栽培；如果要想实现远销目的并占据稳定的销售市场，应当选择"甜查理"等草莓品种；如果选择使用的是早春大拱棚栽培方式，最好使用具有较长休眠期的中早熟草莓品种，特别是"艾莎"与"达思罗"；如果采用的是露地覆膜栽培的方式，则可以选择使用"哈尼"等用于深加工的品种。另外还要积极建立草莓无病毒种苗繁育技术体系并推动有条件的企业、合作社等建立脱毒种苗中心，确保生产上 2~3 年更换一次无病毒原种苗。

（三）加快推进草莓标准化生产，注重品质控制

完善和推广草莓的规范化、标准化生产技术，充分利用现有技术力量开展草莓生产关键技术联合攻关，在脱毒种苗培育、连作障碍克服、病虫害防控以及省力化栽培等方面形成标准化的技术规程，同时积极推动草莓生产向分工协作的专业化生产转变，通过专业化组织的利益联结和纽带作用，改变从种苗繁育到产品销售全由农户完成的分散经营面貌，也更有利于推动草莓标准化栽培技术的普及。树立草莓无公害安全生产理念，严格控制区域草莓主产区生态环境和化学药剂及化学肥料的使用，推广使用物理—生物综合防治技术控制草莓病虫害，建立草莓质量检测和品质追溯监管体系，从产地源头把握草莓质量安全且能更好地满足国外产品质量标准。

（四）发展草莓多元化深加工，优化出口商品结构

草莓可用于加工成各种产品，如制成草莓酱、草莓汁、草莓酒、草莓汽水、草莓蜜饯、草莓罐头、速冻草莓、冻干草莓以及作为雪糕、糖果、饼干等的添加剂、糕点的点缀物等。草莓加工品在国际市场上有很大的市场需求。我们应按照国际市场标准进行生产和加工，定向出口、大力发展草莓产品深加工，改变出口产品单一的不利局面。继续完善"企业+合作组织+农户"的带动模式，使企业与农户真正形成"利益共享、风险共担"的利益共同体，实施订单农业，带动草莓生产、加工和出口的共同发展。要选择高起点、高标准、规模大的食品加工企业和购销企业为龙头，同时引进国外先进的加工技术和设备，建立符合市场经济规律的企业经营机制，促进企业重组联合，培育壮大一批草莓加工、出口企业集团。企业要在草莓"深、精、细"加工上下功夫，建立草莓产业发展技术体系，延长其产业链，提升其价值链，创新产品形式，使草莓产品多样化，优化草莓出口产品结构。

（五）注重草莓品牌打造

基于目前辽宁省草莓产业发展的现状，品牌成为发展新动能、营造新业态的重要抓手。一方面，通过品牌引领挖掘不同地域的资源潜力，发展地域特色的草莓产品，满足市场个性化的需求。另一方面，以品牌观念大

力推进一、二、三产业的融合发展,拓展产业的多维功能,拉长草莓产业链实现农业提质增效,同时促进草莓产业与文化旅游深度融合,发展生态文明传承农耕文化,实现农民增收。

首先要立足产品品质和服务,打造一批区域品牌、企业品牌、产品品牌。然后应高度重视品牌的社会认知程度,全面宣传草莓品牌。可以每年组织开展全国范围的草莓盛会,突出草莓产业区域的发展优势,促进草莓种植业与旅游业的紧密结合,进一步带动当地草莓产业的发展。充分利用各种公共媒体资源,多层次、全方位、多渠道传播与草莓产品相关的信息,塑造辽宁省草莓的品牌形象,提高辽宁省草莓品牌的知名度和美誉度。同时,出口产品也要打造在国际市场叫得响的名牌产品。注重产品的包装和宣传,坚持质量第一,加快科技进步,优化企业管理,优化产品结构,提高市场竞争能力。

(六)培育多元化的出口市场

辽宁省草莓出口市场集中度高的现实隐藏着较大的贸易风险,因此要实行出口市场多元化战略。我们要利用"一带一路"倡议和"辽宁自贸区"建设的契机,致力于拓展草莓产品出口市场空间。要在继续稳定和巩固日本、欧盟、美国等传统出口市场的基础上,积极开拓中东、朝鲜、独联体等新兴的周边市场,实现出口市场的多元化,分散出口风险。而且,草莓产品出口要不拘泥于传统营销模式,要善于创新国际营销模式。比如选择合适的目标市场进行各种形式的产品推介活动,也可以利用跨境电子商务平台进行网上营销。同时,还应实施产品出口的时间均衡化,避免因出口时间集中给进口国带来市场压力。

二、政府对产业发展支持角度

(一)继续加大财政和金融扶持力度

农业是弱质产业,世界各国对农业的投入是持续和递增的,与发达国家相比,我们还需要加大对草莓产业的财政和金融扶持力度。一是加大草莓规模化专业化、标准化、生产财政扶持力度,继续对优质品种、高产品种、高效品种给予资金扶持；二是加强草莓主产区的设施建设和草莓出口基地建设的扶持力度；三是加强草莓产业化龙头企业的金融扶持力度，支持草莓出口企业在国外注册产品品牌、开展质量认证和进口市场准入的各项认证。也可以通过财政设立出口奖励机制，对草莓出口规模大、创汇多的企业给予一定奖励。

（二）注重草莓质量安全监管工作

草莓产业发展地区的各级政府与业务主管部门，应当把草莓质量安全合理地融入日常工作内容当中，进而构建健全的草莓质量安全监管体系。与此同时，还应当创建草莓生产投入品与农户化肥农药的使用登记机制。这样一来，就可以保证草莓产品全程被追溯，确保消费者能够吃到更加安全、质量较高的草莓。

（三）为生产者搭建科研服务平台

政府部门要做好省内草莓科技资源的整合工作，做好种植户、企业和草莓科研机构、省内外高校的连接桥梁，努力实现"产学研"的无缝对接。增加科技投入，有计划、有组织地研究、选育出抗病优质品种，建立优质种苗繁育体系，完善标准化栽培技术，研究开发省力省工栽培技术等。通过示范推广优良品种、先进技术，举办农户培训，视频资料宣传等多渠道，进一步强化科技培训与新型农民培育，提升种植户综合素质，逐步推行以科技指导生产，提升草莓种植效益。

（四）建立与完善贸易预警与救助机制

首先，政府部门可以设立农产品出口贸易壁垒应对专门组织和专项资金。一方面帮助企业收集国际市场价格、国际市场需求、进口国家技术标准及准入要求、进出口检验检疫相关规定、海关报关规定和程序等国际市场信息，积极研究如何突破草莓出口面对的国外技术壁垒；一方面组织应对国外的各种审核和检查，保住现有出口市场的稳步发展。其次，建立农产品市场风险保险机制和出口保护与救助机制。通过建立农产品市场风险损失补偿基金，对处于危机的农业企业给予一定的补偿，提高其生存能力。

要积极探索行业协会救助、商业保险和政府支持相结合的救助机制，帮助草莓出口企业积极应对技术壁垒、贸易摩擦等突发事件。

（五）积极推动草莓出口企业开拓国际市场

相关部门要充分发挥辽宁省现行的支持出口企业开拓国际市场的相关扶持政策，组织企业积极参加相关国际展会。考虑到草莓出口企业存在规模小、专业人员少等特殊情况，建议可以考虑积极组织相关行业协会和龙头企业参加国际展会，进一步发挥相关行业协会和龙头企业的带动作用。另外，可以利用互联网技术，发挥国际电子商务平台等渠道的作用，推动草莓出口企业特别是中小企业"足不出户"了解相关信息，开拓相关国际市场。

第三章
辽宁省杂色蛤产业出口监测与竞争力提升研究

杂色蛤的学名是菲律宾帘蛤（学名：Ruditapes philippinarum），通常又称菲律宾蛤仔，是一种常见的贝类动物。杂色蛤在辽宁省贝类养殖业中占有重要地位，其出口量位居全国首位。近年来，辽宁省政府部门非常重视水产品出口贸易，在其不同的发展阶段都采取了相应的积极推进策略。2016年2月，辽宁省海洋与渔业厅提出将"水产品出口贸易额实现倍增，占全省大农业出口额一半以上"作为"十三五"渔业经济发展的目标之一；同年6月，提出将"大力发展外向型渔业，扩大出口创汇"作为渔业供给侧结构性改革行动的措施之一。辽宁省杂色蛤技术创新和经济发展面临良好契机，也是产业增效和渔民增收的重要举措。

本文将在对全国蛤类产业发展进行概括、梳理的基础上，重点分析辽宁省杂色蛤产业生产、贸易方面的现状和趋势，并对辽宁省杂色蛤出口产业的生产、价格、质量、营销竞争力等各个方面做出客观的评价，并利用SWOT分析方法，分析产业的面临的优势、劣势、机会和挑战，提出杂色蛤产业提升竞争力的策略和对策。

第1节 蛤类产业状况

蛤是世界性养殖贝类，也是中国单种产量最高的养殖贝类和四大养殖贝类之一，据FAO（联合国粮食及农业组织）数据库统计，2016年世界蛤类产品总产量为557万吨，中国蛤类产品总产量为536万吨，占世界的比重为 90%以上。(中国没有向 FAO 报告蛤类捕捞产量,其总产量事实上等于养殖产量。另外,中国渔业统计年鉴只对外公布海水养殖的蛤类产品产量和面积,本报告分析蛤类生产方面的数据主要来自历年的《中国渔业统计年鉴》中海水养殖蛤类产品的产量和面积。)

一、中国蛤类生产与贸易格局

(一)中国蛤类产品生产状况

(1) 生产规模

统计资料显示,当前中国蛤类产品年产量占世界总产量的 90%以上。2004—2018 年海水养殖蛤类产品总产量的年均增长率为 3.12%左右(如图 3-1 所示)。据行业资料显示,2018 年中国海水养殖蛤类总产量为 420 万吨,比上年增长 0.5%,增幅低于年平均增长速度。据统计数据显示,2004—2018 年中国海水养殖蛤类面积呈波动式增长势头,海水养殖蛤类产品总面积的年均增长率为 1.51%左右,如图 3-2 所示。

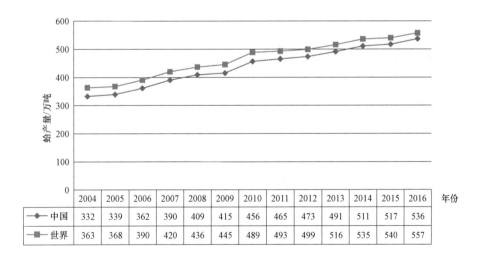

图 3-1 2004—2016 年世界和中国的蛤类产品的总产量

资料来源:FAO 渔业数据库。

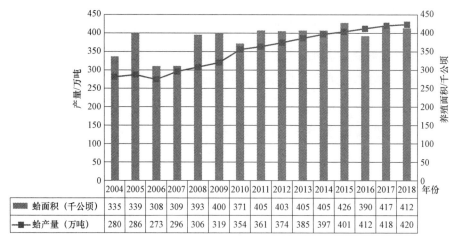

图 3-2 中国 2004—2018 年海水养殖蛤类产量和面积

资料来源：2017 年之前数据来自《2018 年中国渔业统计年鉴》，2018 年数据来自行业调查和预测。（以下图表数据没有特别说明，数据来源同。）

（2）产品结构

蛤是国内渔业生产中海水养殖贝类的重要品种，贝类品种主要由牡蛎、鲍、蚶、贻贝、扇贝、蛤、蛏等产品构成。2018 年贝类产量 1 528.09 万吨，其中牡蛎产量约占贝类总产量的 35.81%；蛤类产品产量占比 30.66% 左右；扇贝产量占比约为 14.73%。随着贝类产品产量的提高，品种的结构变动主要以牡蛎、蛤和扇贝为主，如图 3-3 所示。

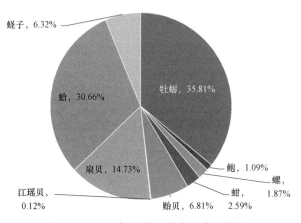

图 3-3 2018 年中国贝类产品产量结构

（3）区域结构

蛤是西太平洋亚热带到低寒温带的一个品种，并分布在欧洲的温带地区，野生种群在菲律宾、中国南海和东海、黄海、日本海、鄂霍次克海以及南千岛群岛周围。在生产区域方面，中国蛤类产品海水养殖区域广泛，分布在南北海区。辽宁大连、长兴岛、河北北戴河、山东青岛、烟台、江苏连云港、浙江南麂、象山、福建平潭、厦门、广东海门、汕尾、香港，也见于朝鲜。它生长迅速，养殖周期短，适应性强（广温、广盐、广分布），离水存活时间长，是一种适合于人工高密度养殖的优良贝类，是中国四大养殖贝类之一。

数据显示（如图3-4、图3-5所示），2006年以后，辽宁省和山东省蛤类产品的产量和面积表现出较快的增长趋势，之后也一直保持了最强劲的增长势头。作为东北地区蛤类生产最大的省份——辽宁，在杂色蛤生产和贸易方面有着强劲的发展潜力。

根据蛤类产地的生产情况来看，养殖面积较大的省份主要是辽宁、山东、江苏三省，总产量占比有较大优势的是山东和辽宁两省，2018年两省的总产量可以达到全国总产量的65%。单产能力领先的是广西、福建和浙江三省，2018年广西的单产可以达到41.72吨/公顷。

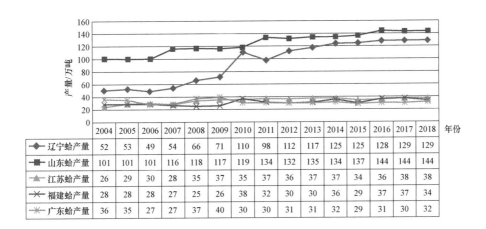

年份	2004	2005	2006	2007	2008	2009	2010	2011	2012	2013	2014	2015	2016	2017	2018
辽宁蛤产量	52	53	49	54	66	71	110	98	112	117	125	125	128	129	129
山东蛤产量	101	101	101	116	118	117	119	134	132	135	134	137	144	144	144
江苏蛤产量	26	29	30	28	35	37	35	37	36	37	37	34	36	38	38
福建蛤产量	28	28	28	27	25	26	38	32	30	30	28	29	37	37	34
广东蛤产量	36	35	27	27	37	40	35	31	31	29	31	29	30	30	32

图3-4　中国2004—2018年中国不同地区蛤类产品产量

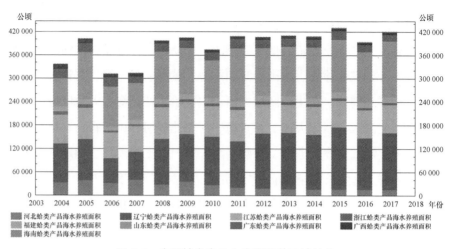

图 3-5　中国蛤类产品生产面积的区域结构

(二)中国杂色蛤出口贸易状况

1. 出口规模

据中国海关统计(如图 3-6 所示),2012—2018 年间,中国杂色蛤出口贸易规模呈先上升后下降的趋势,结构不断优化、国际地位显著上升,已成为贝类海产品产品贸易体系中的重要一员。2015 年中国杂色蛤出口总额为 36 031 万美元,达到历史最高值,2018 年中国杂色蛤出口总额达到 33 106 万美元,比 2017 年增长约 1.1%,出口总额增幅不大。从地域分布来看,辽宁省是国内第一大杂色蛤出口省份,其次是广东省、山东省、河北省、江苏省和福建省,如图 3-7 所示。

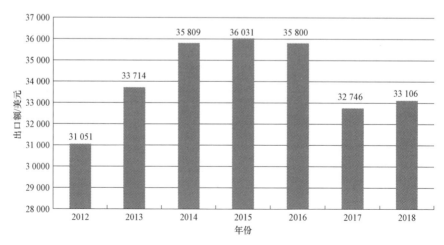

图 3-6　2012—2018 年中国杂色蛤的出口额

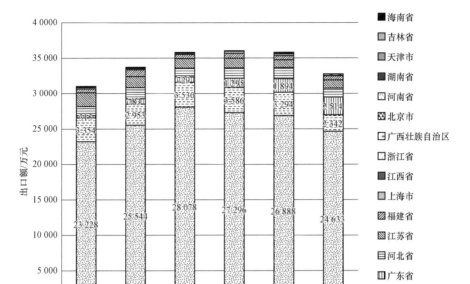

图 3-7 中国不同地区杂色蛤出口额的分布

2. 出口产品结构

2017 年,中国杂色蛤产品主要分为活杂色蛤(HS 编号:030771)、冻杂色蛤及肉(HS 编号:030772)、冻煮蛤肉及罐头(HS 编号:160556)、杂色蛤汁(HS 编码:160300)、调味杂色蛤(主要是腌制杂色蛤)(HS 编号:030779)和其他产品(HS 编号:030799)等。从中国海关统计数据可以看出,杂色蛤出口冻杂色蛤肉和罐头最多,其次是鲜活杂色蛤,调味杂色蛤汁和腌制杂色蛤比重较低。随着杂色蛤出口产品加工能力、冷链贮运水平、运输保鲜等技术的迅猛发展,以冷冻制品的杂色蛤肉和罐头居多,第二是活杂色蛤,如图 3-8 所示。

3. 出口地区结构

中国杂色蛤的出口贸易市场,从 2012 年的 26 个国家(地区)增至 2017 年的 33 个国家(地区)。据统计数据显示,中国出口杂色蛤的洲际分布特征明显,经济发展迅速而不平衡的亚洲是辽宁杂色蛤出口贸易的重心所在,这很大程度上得益于地缘优势。2017 年,中国出口杂色蛤最多的国家是日本,出口额为 12 875 万美元,约占出口总额的 38.36%,其次是韩国,出口额为 10 343 万美元,约占出口总额的 30.81%,第三位的是美国,出口额为 2 939 万美元,约占出口总额的 8.76%,如图 3-9、图 3-10 所示。

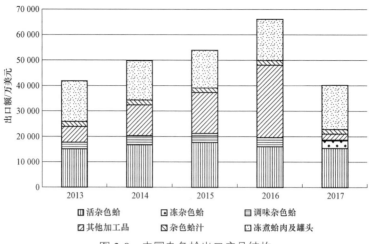

图 3-8　中国杂色蛤出口产品结构

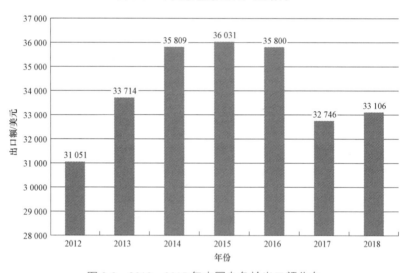

图 3-9　2012—2017 年中国杂色蛤出口额分布

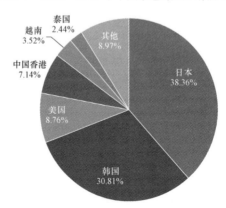

图 3-10　2017 年中国杂色蛤主要出口国家和地区

二、辽宁省杂色蛤生产与贸易格局

（一）辽宁杂色蛤生产状况

1. 产品产量和养殖面积

辽宁近海生物资源丰富，种类多样，贝类有上百种，其中滩涂贝类就有 51 种，主要有文蛤、杂色蛤、毛蚶、蛏、四角蛤蜊等。从养殖产量上看，辽宁省作为中国蛤类产品的重点产区之一，蛤类产量由 2004 年的 52 万吨发展到 2018 年的 129 万吨，产量呈稳步递增趋势，年均增长速度达到 6.7%，排名稳居全国第二，仅次于山东省。2018 年辽宁杂色蛤产量占全国蛤类总产量的 31%，产量同比增长 0.38%，产量增幅不明显。庄河全市杂色蛤类养殖面积达到 50 万亩、养殖产量近 30 万吨，产值多达 15 多亿元，其杂色蛤的产量和效益雄踞全国县（市）区之首，如图 3-11 所示。

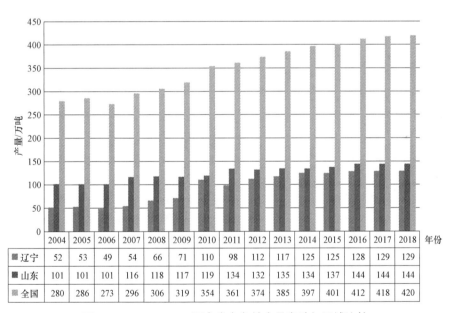

年份	2004	2005	2006	2007	2008	2009	2010	2011	2012	2013	2014	2015	2016	2017	2018
辽宁	52	53	49	54	66	71	110	98	112	117	125	125	128	129	129
山东	101	101	101	116	118	117	119	134	132	135	134	137	144	144	144
全国	280	286	273	296	306	319	354	361	374	385	397	401	412	418	420

图 3-11　2004—2018 辽宁省杂色蛤产量变动与区域比较

从养殖面积上看，2004—2018 年辽宁省蛤类产品养殖面积从 100 213 公顷增加到 146 425 公顷，年均增长 2.74%。统计数据显示，杂色蛤海水养殖面积在 2010 年大幅度上升后，养殖面积基本稳定，如图 3-12 所示。

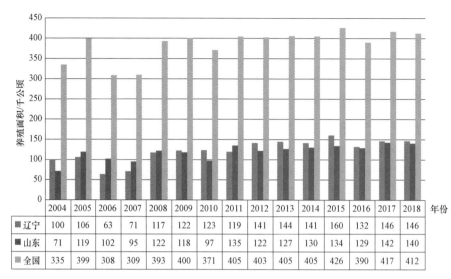

图 3-12　2004—2018 辽宁省杂色蛤的海水养殖面积与区域比较

从单产上来看，辽宁省杂色蛤的单产水平呈波动式上升的趋势，在 2016 年单产达到最高水平，为 9.69 吨/公顷，低于全国的单产水平 8.33 个百分点。据 2018 年行业调查数据显示，辽宁省杂色蛤总体单产水平低于全国平均水平，与资源条件相似的临近省份山东省比较，单产水平仍然有一定的差距，如图 3-13 所示。

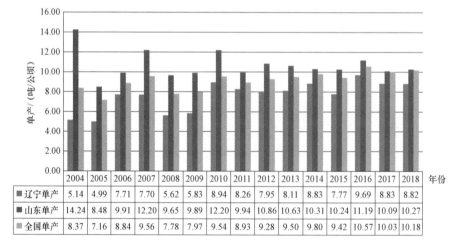

图 3-13　2004—2018 辽宁省杂色蛤单产水平及区域比较

2. 产品结构

从图 3-14 中可以看出，随着辽宁省贝类产品产量的提高，品种的结构变动主要以蛤、扇贝和牡蛎为主。2018 年辽宁省贝类总产量约为 259.65 万吨，其中蛤类产品产量约占 60.15%；扇贝产量占比约为 22.07%；牡蛎产量约占贝类总产量的 10.57%，说明杂色蛤在辽宁省的贝类产品中占据"半壁江山"，其产业发展关系到辽宁省海洋渔业竞争力的提升（如图 3-15 所示）。

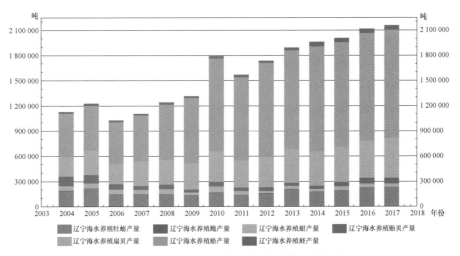

图 3-14　2004—2018 年辽宁省贝类产品结构

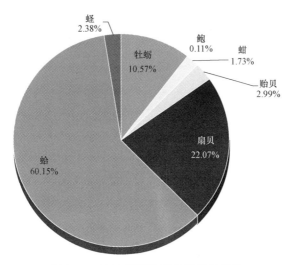

图 3-15　2018 年辽宁省贝类产品结构

3. 区域结构

辽宁省杂色蛤主要分布在大连、丹东、葫芦岛和营口等地区，2000 年和 2001 年，国家农业部批准对"庄河杂色蛤"和"东港杂色蛤"实施农产品地理标志登记保护。在 2017 年中国食品产业发展年会上，庄河市被中国食品工业协会授予"中国贝类产业之都"称号。

（二）辽宁杂色蛤出口贸易状况

1. 出口规模

近年来，辽宁省杂色蛤在贝类产品出口中占有重要地位（如图 3-16 所示），2012—2018 年出口额平均在 26 330 万美元，出口总体趋势比较平稳。从图中可以看出杂色蛤出口贸易由于受世界经济形势变化等因素影响，规模呈先上升后下降再上升的趋势。杂色蛤出口结构不断优化，国际地位显著上升，已成为辽宁省贝类海产品产品贸易体系中的重要一员。2014 年杂色蛤出口总额为 28 078 万美元，达到历史高值；2018 年杂色蛤出口总额达到 28 643 万美元，比 2017 年增长约 16.28%，出口总额增幅较大。2017 年是辽宁省杂色蛤出口的波谷期，出口额 24 633 万美元，由于受世界和地区经济增速下滑等因素影响，出口额下滑到近 5 年来最低点，比 2015 年下降了 12.3%。

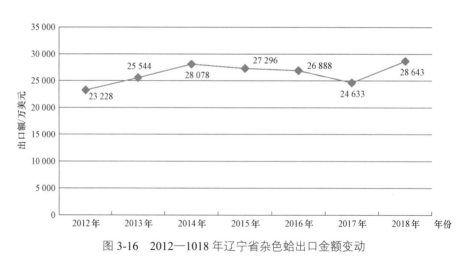

图 3-16　2012—1018 年辽宁省杂色蛤出口金额变动

近几年，从中国不同地区的杂色蛤出口金额来看，辽宁省一直是中国第一大杂色蛤的出口省份，杂色蛤出口规模在全国具有绝对优势。2017 年与出口金额排在全国第二的广东省比较，辽宁省杂色蛤出口金额是广东省的 9.8 倍，见表 3-1。

表 3-1　近几年辽宁省杂色蛤出口金额（万美元）与其他地区的比较及排名

省份	2014 年		2015 年		2016 年		2017 年	
	出口金额	排名	出口金额	排名	出口金额	排名	出口金额	排名
辽宁省	28 078	1	27 296	1	26 888	1	24 633	1
山东省	3 530	2	3 586	2	3 294	2	2 342	3
江苏省	1 334	3	1 373	4	1 078	5	1 144	5
河北省	1 254	4	1 424	3	1 588	4	1 263	4
广东省	729	5	1 295	5	1 894	3	2 514	2
福建省	595	6	702	6	591	6	586	6

资料来源：中国海关。

从省内地域分布来看：2018 年，辽宁省内主要有四个地区从事杂色蛤的生产和出口，出口额最大的地区是丹东市，出口额占到总值的 73.09%，其次是大连市，出口额占比为 26.07%，葫芦岛市和营口市的出口额比重不大，分别占到 0.55% 和 0.29%，还有很大的上升空间，如图 3-17。

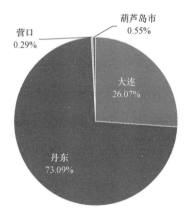

图 3-17　2018 年辽宁省不同地域的杂色蛤出口比例

2. 出口的产品结构

同全国的出口产品结构相似，辽宁省杂色蛤出口产品主要分为活杂色蛤、冻杂色蛤、冻煮蛤肉及罐头、杂色蛤汁、调味杂色蛤（主要是腌制杂色蛤）等。其中出口产品由于加工水平、冷链贮运、运输保鲜等技术的迅猛发展，以冷冻制品的杂色蛤肉和罐头为最多，第二是活杂色蛤，第三是冻杂色蛤。

据海关统计，2018 年，辽宁省杂色蛤出口额 28 643 万美元，占全国杂色蛤出口额的 75%，居全国杂色蛤出口排名第一位。其中，冻煮蛤肉及罐头出口额最大，达 17 162 万美元，占全省杂色蛤总出口额的 51.08%；活杂色蛤出口额次之，为 10 493 万美元，占总出口额的 45.94%；杂色蛤汁出口额最少，约 62 万美元，仅占总出口额的 0.22%。由于市场需求的加大和保鲜技术的进步，活杂色蛤出口比重幅度有所上升，较 2017 年增加了 9.31%，如图 3-18、图 3-19 所示。

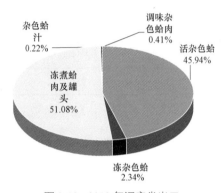

图 3-18　2018 年辽宁省出口杂色蛤的产品结构

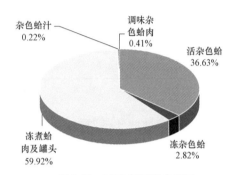

图 3-19　2017 年辽宁省出口杂色蛤的产品结构

3. 出口地区结构

辽宁省杂色蛤的出口贸易市场，从 2012 年的 18 个国家（地区）增至 2018 年的 22 个国家（地区）。进而，从原来涉足的 5 大洲扩至 6 大洲，对外贸易往来呈现出愈加扩大之势。随着世界经济全球化的加深，辽宁省以其得天独厚的港口优势与世界各国进行着贸易往来，对外开放水平不断提高，加之产业政策对杂色蛤出口产业的扶持，2016 年、2017 年、2018 年，辽宁省各类杂色蛤产品出口亚洲、北美洲和大洋洲等 20 多个国家，出口货物总值分别为 26 888.26 万美元、24 633.10 万美元和 28 643.39 万美元，见表 3-2。

表 3-2　辽宁省杂色蛤出口洲际分布　　　　单位：万美元

洲别	2012 年	2013 年	2014 年	2015 年	2016 年	2017 年	2018 年
亚洲	20 794.12	22 867.35	25 294.11	24 438.12	23 871.69	22 015.91	24 863.27
欧洲	0.00	0.00	2.38	2.00	4.06	8.29	16.51
北美洲	2 347.66	2 607.77	2 665.70	2 723.53	2 898.87	2 456.17	3 556.46
南美洲	1.22	0.00	0.00	6.96	4.12	9.38	16.92

续表

洲别	2012 年	2013 年	2014 年	2015 年	2016 年	2017 年	2018 年
非洲	7.57	4.74	17.64	4.42	5.82	9.66	13.43
大洋洲	77.14	63.82	98.41	121.20	103.70	133.69	176.80
合计	23 227.71	25 543.68	28 078.24	27 296.23	26 888.26	24 633.10	28 643.39

资料来源：根据中国海关数据整理。

2018 年，辽宁省杂色蛤出口额排名依次为日本、韩国、美国、越南、泰国、新加坡、中国香港、马来西亚、加拿大、印度尼西亚、澳大利亚、中国台湾、巴拿马、俄罗斯、南非、澳门、乌拉圭、智利、新西兰、东帝汶、阿拉伯联合酋长国、多米尼加共和国等近 20 多个国家及地区。2018 年辽宁省出口杂色蛤最多的国家是日本，出口额为 11 831.37 万美元，约占出口总额的 41.31%，是唯一出口额在 1 亿美元以上的国家；其次是韩国，出口额为 9 420.87 万美元，约占出口总额的 32.89%，排在第三位的是美国，出口额为 3 317.46 万美元，约占出口总额的 11.58%。出口到以上三个国家的杂色蛤产品总值数量可观，达到出口总值的 86%。从出口数据中我们可以发现，杂色蛤出口市场的集中度非常高，2017 年排名前五的目标市场的市场集中度是 95.46%，2018 年排名前五的目标市场的市场集中度是 93.28%，如图 3-20、表 3-3 所示。

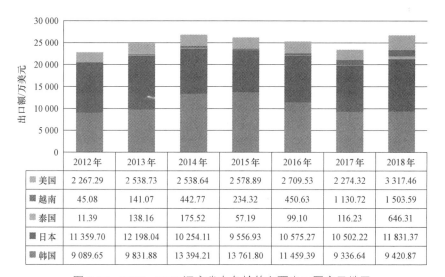

	2012 年	2013 年	2014 年	2015 年	2016 年	2017 年	2018 年
美国	2 267.29	2 538.73	2 538.64	2 578.89	2 709.53	2 274.32	3 317.46
越南	45.08	141.07	442.77	234.32	450.63	1 130.72	1 503.59
泰国	11.39	138.16	175.52	57.19	99.10	116.23	646.31
日本	11 359.70	12 198.04	10 254.11	9 556.93	10 575.27	10 502.22	11 831.37
韩国	9 089.65	9 831.88	13 394.21	13 761.80	11 459.39	9 336.64	9 420.87

图 3-20　2012—2018 辽宁省杂色蛤的主要出口国家及地区

表 3-3　辽宁省杂色蛤重要出口市场出口金额及排名情况

排名	2017 年			排名	2018 年		
	国家或地区	出口金额/万美元	占总金额的比重		国家或地区	出口金额/万美元	占总金额的比重
1	日本	10 502.22	42.63%	1	日本	11 831.37	41.31%
2	韩国	9336.64	37.90%	2	韩国	9 420.87	32.89%
3	美国	2274.32	9.23%	3	美国	3 317.46	11.58%
4	越南	1 130.72	4.59%	4	越南	1 503.59	5.25%
5	中国香港	271.07	1.10%	5	泰国	646.31	2.26%
6	马来西亚	228.45	0.93%	6	新加坡	409	1.43%
7	印度尼西亚	182.4	0.74%	7	中国香港	363.37	1.27%
8	新加坡	166.41	0.68%	8	马来西亚	342.63	1.20%
9	加拿大	146.5	0.59%	9	加拿大	181.17	0.63%
10	澳大利亚	127.63	0.52%	10	印度尼西亚	174.74	0.61%

资料来源：中国海关。

第 2 节　辽宁省杂色蛤出口产业竞争力分析

在全球经济一体化的时代，如果仅仅从一个国家或地区的综合生产能力来考虑产业竞争力，而不将其在全球范围内进行综合考虑的话，产业竞争力就毫无意义。

本书结合杂色蛤产业特点，借鉴波特"钻石模型"理论的分析方法，在度量辽宁杂色蛤出口产业竞争力时，从辽宁横向产量、市场方面的变化，以及纵向对比不同时期不同地区产量以及进出口变化情况，分析生产竞争力、价格竞争力、质量竞争力、市场营销竞争力几个方面。杂色蛤出口产业竞争力评价模型如图 3-21 所示。

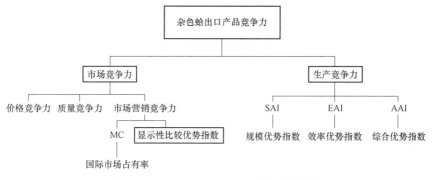

图 3-21 杂色蛤出口产业竞争力评价模型

一、生产竞争力

本文主要采用综合比较优势指数法来进行竞争力分析,在综合分析辽宁省杂色蛤产业的生产竞争力时将规模优势指数(scale Advantage Indices,SAI)、效率优势指数(Efficiency Advantage Indices,EAI)、综合优势指数(AAI)相结合,来测算辽宁省杂色蛤产业生产竞争力,并选取山东省来进行比较。

(一)规模优势指数

所谓规模优势指数(SAI)就是指在一个地区范围内养殖一种水产品的面积在该种水产品总的养殖面积中的比例,如果规模优势指数越大,则说明该种产品的重要性越大,并且已经逐渐形成了规模优势。规模优势指数的计算公式为:

$$\mathrm{SAI}_{ij} = \frac{S_{ij}}{S_i} \div \frac{S_j}{S}$$

其中 S_{ij} 是指 i 地区 j 产品的养殖面积;S_i 是指 i 地区所有研究海产品的养殖面积;S_j 是指高一级区域 j 产品的养殖总面积;S 是指高一级区域所有研究海产品的养殖面积。

当 $\mathrm{SAI}_{ij} > 1$ 时,则能够说明同高一级区域的平均水平相比,j 产品在 i 地区内生产规模化程度较好,也就是具有规模优势;当 $\mathrm{SAI}_{ij} < 1$ 时,则说明产品在 i 地区内生产规模化程度较差,即处于规模劣势。总之,如果 SAI_{ij} 值越大,就说明该地区生产某一农产品的规模优势越明显。

本文将辽宁与产量和出口量靠前的山东省、广东省及品种相近、单产较高的福建省做对比，生产规模数据如表3-4、表3-5、图3-22所示：

表3-4 中国不同地区2004—2018年杂色蛤生产规模

单位：千公顷

年份	全国蛤类面积	辽宁蛤类面积	广东蛤类面积	山东蛤类面积	福建蛤类面积	全国海水养殖面积	辽宁海水养殖面积	广东海水养殖面积	山东海水养殖面积	福建海水养殖面积
2004	334.5	100.2	216.8	71.13	13.3	1 624.0	404.8	216.8	398.7	147.5
2005	398.9	106.0	221.2	119.08	13.6	1 694.6	449.3	221.2	407.4	152.7
2006	308.3	63.3	224.4	101.95	10.3	1 271.7	271.3	224.4	376.4	111.7
2007	309.5	70.7	160.0	95.22	10.2	1 331.6	294.8	160.0	406.2	110.1
2008	392.9	117.3	189.7	121.92	12.2	1 579.0	411.6	189.7	426.2	120.7
2009	400.5	122.0	194.8	117.79	12.9	1 859.3	630.5	194.8	441.4	133.9
2010	370.9	123.4	199.3	97.44	13.2	2 080.8	763.1	199.3	500.9	137.6
2011	404.5	119.1	203.4	134.85	14.0	2 106.3	751.4	203.4	512.1	142.3
2012	402.6	141.0	201.8	121.66	13.4	2 180.8	813.0	201.8	523.7	145.5
2013	405.5	144.3	197.2	126.53	13.7	2 315.7	942.1	197.2	546.8	154.5
2014	405.0	141.3	196.7	129.98	14.3	2 305.5	928.5	196.7	548.5	161.4
2015	425.8	160.3	194.9	134.04	14.6	2 317.8	933.1	194.9	563.2	166.1
2016	389.9	132.1	196.1	128.79	13.7	2 166.7	769.3	196.1	561.5	174.6
2017	416.7	145.7	161.7	142.43	13.7	2 084.1	698.4	161.7	610.4	155.7
2018	412.4	146.4	168.2	140.24	13.7	2 080.1	716.2	168.2	612	160.7

资料来源：《中国渔业统计年鉴》各年版本，2018年数据来自行业调查。

表3-5 中国不同地区2004—2018年杂色蛤生产规模优势指数（SAI）

年份	辽宁规模优势指数	广东规模优势指数	山东规模优势指数	福建规模优势指数
2004	1.20	0.53	0.87	0.44
2005	1.00	0.44	1.24	0.38
2006	0.96	0.43	1.12	0.38
2007	1.03	0.43	1.01	0.40
2008	1.15	0.43	1.15	0.40
2009	0.90	0.44	1.24	0.45

续表

年份	辽宁规模优势指数	广东规模优势指数	山东规模优势指数	福建规模优势指数
2010	0.91	0.54	1.09	0.54
2011	0.83	0.61	1.37	0.51
2012	0.94	0.55	1.26	0.50
2013	0.87	0.59	1.32	0.51
2014	0.87	0.57	1.35	0.50
2015	0.94	0.60	1.30	0.48
2016	0.95	0.49	1.27	0.44
2017	1.04	0.50	1.17	0.44
2018	1.03	0.51	1.16	0.43

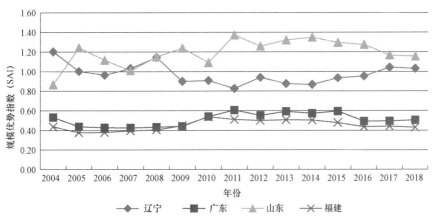

图 3-22　辽宁省与其他地区杂色蛤规模优势指数比较

从动态发展角度来看，辽宁省杂色蛤生产的规模优势指数自 2004 年开始呈现小幅度波动的趋势，从 2014 年以后呈现稳步上升趋势，但总体规模优势指数不高，在 1 上下波动。从上表和图中数据可以看出，2017 年和 2018 年的规模经济指数达到 1.04 和 1.03，具有规模优势性，说明同全国的平均水平相比，辽宁省杂色蛤的规模化程度已经达到全国平均水平；2004 年规模经济指数最高，达到 1.2，具有较强的规模经济性。与山东省比较，辽宁省规模优势指数明显低于山东省，说明山东省规模化程度更高，规模优势更明显，但近几年来山东省规模优势指数出现下降的趋势。从四省比较的数据来看，广东省和福建省的规模优势指数明显低于辽宁省的水平，在全国处于中上等水平。

（二）效率优势指数分析

反映某地区某一时期内一种水产品的单产水平同该地区所有研究产品的单产平均值之间的比值与同时期该地区高一级区域内的同种比值之间的比率指数即为效率优势指数。其具体的计算公式为：

$$EAI_{ij} = Y_{ij}/Y_j$$

式中，EAI_{ij} 表示 i 地区 j 产品的效率优势指数，Y_{ij} 是指 j 产品在 i 地区的单产水平，Y_j 代表 j 产品在高一级区域的平均单产水平。当 $EAI_{ij}>1$ 时，则说明同高一级区域平均单产水平相比，j 产品在 ss_i 地区内的单产水平较高，也就是具有效率优势；反之，当 $EAI_{ij}<1$ 时，则说明 j 产品在 i 地区内单产水平较差，即处于效率劣势。总之，EAI_{ij} 越大，就说明该地区生产某一产品的效率优势越明显。中国不同地区 2004—2018 年杂色蛤单位面积产量见表 3-6，中国不同地区 2014—2018 年杂色蛤生产效率优势指数见表 3-7，辽宁省与不同地区 2004—2018 年杂色蛤生产效率优势指数如图 3-23 所示。

表 3-6 中国不同地区 2004—2018 年杂色蛤单位面积产量

单位：千克/公顷

年份	全国单产	辽宁省单产	广东省单产	山东省单产	福建省单产
2004	7 162.33	4 992.78	14 931.53	8 481.45	20 848.73
2005	8 367.22	5 140.76	15 962.47	14 239.92	20 430.36
2006	7 782.86	5 616.36	16 022.28	9 647.30	24 459.15
2007	7 971.89	5 831.32	25 212.87	9 892.44	25 282.94
2008	9 555.42	7 699.67	13 446.42	12 200.33	21 824.30
2009	8 843.74	7 705.09	14 597.79	9 908.00	21 620.04
2010	9 416.24	7 771.54	15 065.89	10 242.44	21 878.26
2011	9 278.42	7 945.37	13 076.17	10 856.00	21 142.62
2012	9 503.89	8 111.90	15 107.58	10 630.39	22 269.85
2013	8 932.61	8 255.94	14 787.46	9 937.57	23 591.05
2014	10 181.98	8 821.19	16 101.14	10 273.67	23 444.65
2015	9 795.36	8 827.48	15 076.85	10 312.91	24 379.78
2016	10 025.18	8 832.28	17 035.45	10 092.87	26 747.77
2017	9 540.14	8 939.75	18 990.07	12 202.91	27 378.29
2018	10 569.78	9 692.47	18 417.63	11 190.26	27 056.64

资料来源：《中国渔业统计年鉴》各年版本，2018 年数据来自行业调查。

表 3-7　中国不同地区 2004—2018 年杂色蛤生产效率优势指数

年份	辽宁省生产效率优势指数	广东省生产效率优势指数	山东省生产效率优势指数	福建省生产效率优势指数
2004	0.70	2.08	1.18	2.91
2005	0.61	1.91	1.70	2.44
2006	0.72	2.06	1.24	3.14
2007	0.73	3.16	1.24	3.17
2008	0.81	1.41	1.28	2.28
2009	0.87	1.65	1.12	2.44
2010	0.83	1.60	1.09	2.32
2011	0.86	1.41	1.17	2.28
2012	0.85	1.59	1.12	2.34
2013	0.92	1.66	1.11	2.64
2014	0.87	1.58	1.01	2.30
2015	0.90	1.54	1.05	2.49
2016	0.88	1.70	1.01	2.67
2017	0.94	1.99	1.28	2.87
2018	0.92	1.74	1.06	2.56

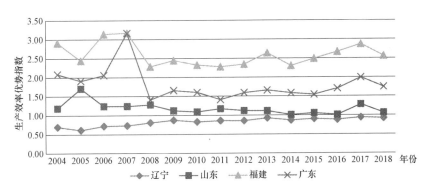

图 3-23　辽宁省与不同地区 2004—2018 年杂色蛤生产效率优势指数

从表 3-7 数据看，2004—2018 年，辽宁省杂色蛤不具有生产效率优势，辽宁杂色蛤的单产水平与福建省、广东省和山东省还是存在一定的差距。究其原因，南北方的蛤类产品因为品种差异，产量具有一定的差别。但从图 3-23 可以看出，从 2005 年开始，辽宁省生产效率优势指数在 10 多年来呈小幅度稳步上升，相信在不远的将来，随着辽宁省海水养殖产业技术的进步，辽宁省杂色蛤单产水平会有一定的突破，杂色蛤生产将具有生产效率优势指数。从四省的比较可以看出，福建省蛤类产品的平均生产效率指数为 2.59，在生产上具有很强的生产效率。其次，广东省蛤类产品的生产效率次之，平均生产效率指数为 1.81。山东省的蛤类产品自 2004 年以来效率优势指数总大于 1，说明山东省同全国平均单产水平相比，蛤类产品生产的单产水平较高，具有中等效率优势。但从趋势上看，山东省杂色蛤生产的效率优势这几年有下降的趋势。

（三）综合优势指数分析

综合考虑规模化势指数和效率优势指数，得到它们的几何平均数，即为综合优势指数。其具体的计算公式为：

$$AAI_{ij} = \sqrt{SAI_{ij} \cdot EAI_{ij}}$$

AAI_{ij} 综合考虑了生产的规模和效率两个条件，当 $AAI_{ij} > 1$ 时，综合来看，j 产品在 i 地区是具有生产优势的，随着 AAI_{ij} 值的增大，即其综合优势也在不断增强。中国不同地区 2004—2018 杂色蛤综合优势指数见表 3-8，辽宁省与不同地区 2004—2018 年杂色蛤综合优势指数比较如图 3-24 所示。

表 3-8　中国不同地区 2004—2018 年杂色蛤综合优势指数

年份	辽宁综合优势指数	广东综合优势指数	山东综合优势指数	福建综合优势指数
2004	0.66	1.05	0.85	1.13
2005	1.01	0.91	1.24	0.96
2006	0.80	0.94	0.98	1.09
2007	0.48	1.16	0.96	1.12
2008	0.69	0.78	1.10	0.96
2009	0.81	0.85	1.09	1.05
2010	0.87	0.93	1.09	1.12
2011	0.84	0.92	1.27	1.08
2012	0.89	0.94	1.19	1.08
2013	0.89	0.99	1.21	1.16

续表

年份	辽宁综合优势指数	广东综合优势指数	山东综合优势指数	福建综合优势指数
2014	0.87	0.95	1.17	1.08
2015	0.92	0.96	1.17	1.09
2016	0.91	0.92	1.13	1.08
2017	0.99	0.99	1.22	1.12
2018	0.97	0.94	1.11	1.05

资料来源：作者根据原始数据计算得出。

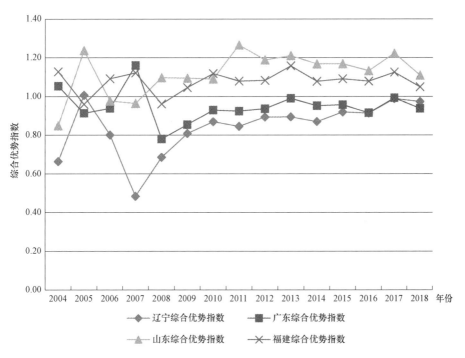

图 3-24　辽宁省与不同地区 2004—2018 年杂色蛤综合优势指数比较

从综合优势指数的结果看，辽宁省在 2005 年综合优势指数大于 1，在杂色蛤生产上具有优势，但 2006 年和 2007 年综合优势指数急剧下降，在 2007 年降到历史最低值 0.48。2008 年以后，辽宁省杂色蛤生产的综合优势指数稳步上升，2017 年和 2018 年已接近 1，说明辽宁省的杂色蛤生产的综合优势逐渐凸显，并且前景乐观。从综合优势指数来看，山东省、福建省在蛤类产品生产上综合优势指数明显,也是辽宁省杂色蛤产品出口的主要竞争对手。广东省在2016年以前综合优势指数高于辽宁省,近两年来两省的综合优势指数相差不大,说明中国出口杂色蛤最多的两大省份生产效率相近,国内竞争激烈。

二、价格竞争力

价格是影响蛤类产品国际竞争力的重要因素之一。在同一个目标市场上,如果两个出口国提供同一种产品,而且产品的差异性不大,即产品质量和安全指标非常接近,企业的营销策略差别也不大,并且进口国不采取差别性关税待遇时,出口价格低的产品竞争力就强。出口价格是非常直观、也比较容易得到的指标。因此,本文在研究杂色蛤价格竞争力的时候,用出口价格指标来分析辽宁省和其他主要出口国家蛤类产品在国际市场上的价格竞争状态。但是由于辽宁的统计数据有限,笔者没有得到辽宁省杂色蛤的具体出口价格,只好以中国蛤类产品的平均出口数据来代替,分析结果可能会有一点差别。

辽宁省出口杂色蛤产品的种类丰富,2018年出口产品中冻煮蛤肉及罐头出口额最大(占51.08%),活杂色蛤出口额次之(占45.94%);出口比重最大的加工品因加工程度不同会影响产品的出口价格。因此,为了便于产品价格的国际比较,本研究采用活蛤的价格来替代分析辽宁省杂色蛤出口的价格竞争力。根据世界 UN Comtrade 数据库的数据显示,2017年世界上主要有45个国家出口活蛤类产品,平均出口价格是6.05美元/千克,价格最低的国家是坦桑尼亚,出口价格为0.3美元/千克;价格最高的是美国,出口价格为21.56美元/千克。在所有出口蛤类产品的国家中,价格从低到高排名,中国的价格排名第七位。按照出口额排序,排名前十位国家(中国、美国、加拿大、意大利、韩国、荷兰、葡萄牙、法国、西班牙和英国)的出口价格如图3-25所示,可以看到世界主要出口蛤类国家出口产品价格差异很大,中国的活蛤类产品的出口价格在主要出口国中最低,价格为1.55美元/千克,而美国最高,达到21.56美元/千克,而英国、法国、西班牙、韩国这些国家的活蛤类价格在3美元以上。通过比较可以看出,辽宁杂色蛤出口产业在价格方面具有很强的竞争优势。

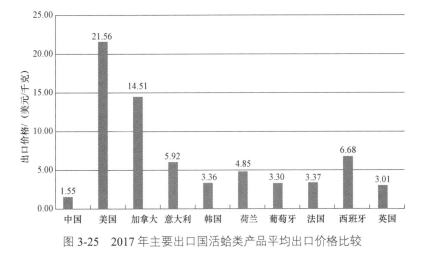

图 3-25 2017 年主要出口国活蛤类产品平均出口价格比较

三、质量竞争力

农产品地理标志是标示农产品来源于特定地域,产品品质和相关特征主要取决于自然生态环境和历史人文因素,并以地域名称冠名的特有农产品,它既是农产品产地标志,也是重要的农产品质量标志。庄河海水资源极其丰富,享有"东方蚬库""全国活贝出口第一村"和"亚洲最大的贝类繁育基地"的美誉。辽宁丹东的东港杂色蛤5大系列40余个品种远销日、韩及欧美国家和地区。目前,杂色蛤已经形成了从育苗、养殖到加工及出口的完整产业链条。丹东东港和大连庄河是中国杂色蛤的农产品地理标识产品,具有较强的产品质量竞争力。

与世界主要杂色蛤出口国比较,辽宁省农业产业化总体水平与发达国家相比还有很大差距。一方面,在生产方式上,生产规模小,农业产业化程度不高,大部分杂色蛤仍以农户生产经营为主,呈现出"小规模、大群体、小生产、大市场"的格局,出口龙头企业少,企业规模普遍较小。另一方面,质量卫生问题成为扩大出口的重要障碍。受整体农业粗放型生产模式的影响,农户片面追求产量,质量管理意识不强,导致杂色蛤有害物残留超标,与国际安全健康标准相比存在相当大的差距,成为出口遭遇退货和贸易纠纷的主要原因。日本是辽宁农产品的贸易目标市场主要集中地之一,杂色蛤出口对日本市场的依赖程度较高,日本非常重视进口农产品检测，对农产品的质量也制定了较为严格的标准，各项法律法规相继出台，辽宁省的杂色蛤出口的质量竞争力受到严峻挑战。

四、市场营销竞争力

一个国家或地区某一产业的竞争结果，可以通过该产业在市场上的表现反映出来。无论是从市场占有率角度还是从盈利能力角度来看，出口情况是反映一国某产业国际竞争力非常重要的指标。本文选取国际市场占有率指数（MS）和显示性比较优势指数（RCA）两个指标来分析辽宁省杂色蛤产业的市场营销竞争力。

（一）国际市场占有率指数

国际市场占有率指数（MS）公式可以表示为：

$$MS = X_i / X_j$$

其中 X_i 表示 j 产品在 i 国（或地区）的出口额，X_j 表示 j 产品同一时期在国际上的总出口额。一般来说，国际市场占有率指数越高，就说明该国家或地区某一产品的出口竞争力越强，在国际市场上的竞争优势越明显，同时也说明该种产品的营销竞争力越强。2013—2017 年杂色蛤的国际市场占有率指数（MS）见表 3-9，辽宁与不同地区 2013—2017 年杂色蛤的国际市场占有率指数比较，如图 3-26 所示。

表 3-9　2013—2017 年杂色蛤的国际市场占有率指数（MS）

出口额单位：亿美元

项目	2013 年	2014 年	2015 年	2016 年	2017 年
世界杂色蛤出口额	21.721	23.504	23.188	26.704	15.124
辽宁省杂色蛤出口额	2.554	2.808	2.730	2.689	2.463
广东省杂色蛤出口额	0.078	0.073	0.130	0.189	0.251
山东省杂色蛤出口额	0.295	0.353	0.359	0.329	0.234
福建省杂色蛤出口额	0.094	0.059	0.070	0.059	0.059
辽宁省 MS/%	11.76	11.95	11.77	10.07	16.29

续表

项目	2013年	2014年	2015年	2016年	2017年
广东省 MS/%	0.36	0.31	0.56	0.71	1.66
山东省 MS/%	1.36	1.50	1.55	1.23	1.55
福建省 MS/%	0.43	0.25	0.30	0.22	0.39

资料来源：中国数据来源于中国海关，世界数据来源于联合国贸易商品统计数据库。

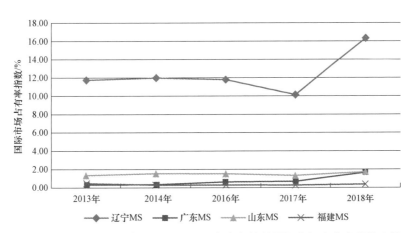

图2-6　辽宁省与不同地区2013—2017年杂色蛤的国际市场占有率指数比较

从表3-9、图3-26数据看，2013—2017年间，辽宁省杂色蛤国际市场占有率指数平均值是12.6%，2016年呈小幅下降，2017年国际市场占有率指数较2016年的10.07%上升到16.29%，同比上升61.77%。与广东省、山东省和福建省相比，辽宁省杂色蛤产品的国际市场占有率指数具有明显的竞争优势，与辽宁杂色蛤产品的地域优势和价格优势具有一定的关系，得益于辽宁省政府部门非常重视水产品出口贸易，在其不同的发展阶段都采取了相应的推进策略。

（二）显示性比较优势指数

显示性比较优势指数（RCA）的公式为：

$$\mathrm{RCA}_{ia} = \frac{X_{ia}/X_{it}}{X_{wa}/X_{wt}}$$

式中，X_{ia}是国家（或地区）i在产品a上的出口，X_{wa}是a产品在世界市场上的总出口，X_{it} 是 i 国（或地区）在 t 时期的总出口，X_{wt} 是世界市场上在 t 时期的总出口。

这一指标反映了一个国家（或地区）某一产品的出口与世界平均出口水平比较来看的相对优势，它剔除了国家总量波动和世界总量波动的影响，较好地反映了该产品的相对优势。一般而言，若 RCA<1，则该国在该产业或产品上处于比较劣势；若 RCA>1，则处于比较优势，取值越大比较优势越大。也有学者做了更为详细的划分，他们认为，如果 RCA 指数大于 2.5，表示该类产品具有极强的出口竞争力；RCA 指数介于 1.25~2.5 之间，表示具有较强的竞争力；RCA 指数介于 0.8~1.25 之间，表示具有中等竞争力；RCA 指数小于 0.8 则表示竞争力较弱。

表 3-10　2013—2017 年杂色蛤产品的显示性比较优势指数（RCA）

出口额单位：亿美元

	2013 年	2014 年	2015 年	2016 年	2017 年
世界商品出口总额	189 564.95	189 703.32	165 246.82	160 323.38	177 067.06
世界杂色蛤出口额	21.721	23.504	23.188	26.704	15.124
辽宁省商品出口总额	645.220	587.452	507.110	430.628	448.659
山东省商品出口总额	1 439.257	1 447.087	1 341.901	1 287.092	1 257.126
广东省商品出口总额	6 363.638	6 460.870	6 431.721	5 986.020	6 228.684
福建省商品出口总额	1 064.744	1 134.523	1 126.801	1 036.780	1 049.167
辽宁省杂色蛤出口额	2.554	2.808	2.730	2.689	2.463
山东省杂色蛤出口额	0.078	0.073	0.130	0.189	0.251
广东省杂色蛤出口额	0.295	0.353	0.359	0.329	0.234
福建省杂色蛤出口额	0.094	0.059	0.070	0.059	0.059
辽宁省 RCA	34.545	38.580	38.365	37.489	64.272
山东省 RCA	0.473	0.407	0.690	0.882	2.338
广东省 RCA	0.405	0.441	0.398	0.330	0.440
福建省 RCA	0.770	0.420	0.443	0.342	0.658

资料来源：中国数据来源于中国海关，世界数据来源于联合国贸易商品统计数据库。

从表 3-10 看，2013—2017 年间辽宁省杂色蛤显示性比较优势指数的均值是 42.65，总体表现极强的出口竞争力，显示出辽宁省在杂色蛤的出口方面具有极强的比较优势。数据显示，山东省近 5 年来在杂色蛤出口方面的比较优势呈良好发展势头，2017 年显示性比较优势指数是 2.338，指数介于 1.25～2.5 之间，说明具有较强的出口竞争力。2016 年山东省具有中等竞争力。广东和福建两省在杂色蛤的出口方面的竞争力较弱，仍存在着较大的上升空间。

通过上面的分析，从出口的角度看，辽宁省与其他杂色蛤主产省相比具有极强的市场营销竞争力，但是跟世界发达国家水平相比还存在一定的距离，需要不断加强。据实际调查，与其他贝类产品相比，杂色蛤产品由于价格偏低，导致其营销渠道、促销策略等多方面存在着创新意识不强、创新力度不够的问题。辽宁省杂色蛤养殖户和杂色蛤产品加工出口企业存在着销售渠道单一，"互联网+"运用不够充分，配套设施不健全的问题。在促销策略中，主要存在着差别定价、组合营销缺乏等一系列的问题。

第 3 节　辽宁省农产品出口企业的风险防范策略

一、辽宁省杂色蛤产业的 SWOT 分析

基于经典的 SWOT 分析法，根据辽宁杂色蛤产业所拥有的各种资源，分析产业内部优势与劣势以及产业外部环境的机会与威胁，进行系统评价，进而可制定最佳的杂色蛤产业出口经营战略。

（一）优势（Strengths）

1. 资源丰富，成品产量高

辽宁省近海生物资源丰富，种类多样，贝类有上百种，其中滩涂贝类就有 51 种，主要有文蛤、杂色蛤、毛蚶、蛏、四角蛤蜊等。杂色蛤在辽宁省贝类养殖业中占有重要地位，养殖面积为 14.6 万公顷，位居全国第 1 位。

多年来，辽宁省贝类养殖业一直致力于渔业供给侧结构性改革，优化配置和有效发挥渔业生产要素，使得省域蛤类产量逐渐增长，为其水产品出口贸易的发展提供了坚实的物质基础。

2006年以后，辽宁省杂色蛤产品的产量和面积表现出较快的增长趋势，之后也一直保持了最强劲的增长势头。2018年辽宁省杂色蛤总产量和海水养殖面积位居全国第二位，仅次于山东省。其中，地处辽宁省南部沿海的大连庄河市、丹东东港市非常适宜杂色蛤的繁育和生长，已形成了较为成熟的产业，奠定了其在同行业中的领军地位。

2. 技术力量雄厚

辽宁省渔业科技研发力量强大，水产技术推广普及较广。拥有大连海洋大学、大连工业大学以及辽宁省海洋水产科学研究院等从事相关研究的高等院校和科研院所。2017年海洋科研机构22个，占全国的比重为11.46%，位于全国第3位，仅次于广东省和北京，与山东省持平。海洋科学研究的从业人员为3 151人，占全国的比重为7.44%，在全国排名第6位。海洋生产领域的科技进步及其推广扩散，通过改善传统贝类产业与发展新兴产业优化和升级蛤类产业结构和产品结构，进而影响着杂色蛤产品出口品种结构和贸易规模；海水养殖产品流通领域的科技进步及其推广扩散，则通过先进的物流设施和信息手段，使杂色蛤出口贸易地域范围更加扩大。另一方面，2017年辽宁水产品加工企业数量为904个，占全国比重为9.34%，排在全国第5位。其水产品加工能力为308.33万吨/年，排在全国第3位，仅次于山东和福建。水产品冷库数量为627座，占全国7.61%，排名第5位，加工技术装备居全国前列。上述各领域取得的技术力量，均为其杂色蛤出口贸易发展提供了技术支撑并注入了强劲动力。

3. 出口基础好

从地域分布看，辽宁省是第一大杂色蛤的出口省份，其次是山东省、浙江省、江苏省和广东省。2018年，辽宁省杂色蛤出口总额达到28 643万美元，比2017年增长约16.28%，出口总额增幅较大。在经过长期的出口后，辽宁省已建立起较为完善的出口配套设施，相关政策的实施也颇有成效。另外，辽宁省杂色蛤在国外也逐渐建立起知名度、美誉度和忠诚度，形成了特有的品牌，具有可观的市场价值。

4. 品牌效应显现

2000年和2001年，国家农业部批准对"庄河杂色蛤"和"东港杂色蛤"实施农产品地理标志登记保护。在2017年中国食品产业发展年会上，庄河市被中国食品工业协会授予"中国贝类产业之都"称号，形成了很强的水产资源统合能力，并显现出"创一个水产品牌，兴一个渔业产业，富一方水产经济"的品牌效应，继而在国内外扩散出水产品牌的宣传效应、磁场效应、聚合效应、带动效应和衍生效应，对众多水产品出口企业在愈发激烈的国际竞争中发挥着积极的推进作用，如大连獐子岛集团股份有限公司、大连东海湾水产有限公司、大连万大元食品有限公司、大连鸿远水产有限公司、大连诚成水产有限公司、丹东加利西亚海产品公司、东港天泉水产食品有限公司、丹东鸿洋食品有限公司、辽宁安德食品有限公司等辽宁省内企业都进行杂色蛤类系列产品的出口。

5. 物流快速便捷

辽宁省物流基础设施完备，交通运输发达，可与6大国际经济走廊衔接并形成陆海互动，陆桥运输费用较海上运输节省20%~25%；海运已开通世界上100多个国家和地区；国际机场有沈阳桃仙国际机场和大连周水子国际机场，其国际航线（含地区）达到66条。基于上述安全而高效的陆海空立体网络通道，形成了快速而便捷的全球水产品物流体系，促进了水产品出口贸易的快速发展。

（二）劣势（Weaknesses）

1. 单产水平不高，规模经济效率偏低

2010年至今，辽宁省蛤类产品占海水养殖贝类的50%以上，平均占比53%。而牡蛎、鲍、螺、蚶、贻贝、扇贝、蛤、蛏等其他种类贝类产品占比不到一半，杂色蛤养殖产业早已形成一定的生产规模。从养殖面积上看，辽宁省杂色蛤养殖面积近几年来一直位列全国第一，但养殖总产量位于全国第二位。从单产上来看，2016年辽宁省杂色蛤的单产最好水平为9.69万吨/公顷，低于全国的单产平均水平8.33个百分点。据《中国渔业统计年鉴2018》数据测算，2017年辽宁省杂色蛤的单产为8.82万吨/公顷，全国平均水平为10.18万吨/公顷，山东的单产水平为10.27万吨/公顷。辽宁省杂色蛤总体单产水平低于全国平均水平，与邻近资源条件相似的山东省比

较，单产水平仍然有一定的差距。可见，辽宁省养殖蛤类产品的生产效率不高，并且养殖水产品至今未曾形成出口规模经济。

2. 出口产品加工程度低，经济附加值不高

从辽宁省杂色蛤产品出口比重来看，出口产品加工程度低，深加工出口份额不高，附加值较低。据海关统计，2018年，辽宁省杂色蛤出口额28 643万美元，占全国杂色蛤出口额的75%，排名全国杂色蛤出口第一位，其中，冻煮蛤肉及罐头出口额最大，达17 162万美元，占全省杂色蛤总出口额的51.08%；活杂色蛤出口额次之，为10 493万美元，占总出口额的45.94%；杂色蛤汁出口额最少，约62万美元，仅占总出口额的0.22%。辽宁省贝类产品加工水平不高是制约农产品出口的主要因素。目前，加工企业普遍存在加工技术和设备条件不足，技术创新能力薄弱、科技含量较低、产品的附加值较低的问题。

3. 养殖成本居高不下，利润空间有限

杂色蛤是海水养殖的重要品种，该产业属于劳动密集型产业，人工费是杂色蛤养殖成本的重要组成部分，人工成本不断上涨，养殖成本居高不下。随着中国人口红利的逐渐消退以及人民币的持续升值，杂色蛤采捕费用和人工养殖成本仍将不断上涨，养殖企业若不能及时推行机械化生产，利润空间将被继续压缩，经营必将陷入困境。辽宁省出口水产品中，与其他水产品比较，出口的杂色蛤存在着价格优势不明显、结构趋同的问题。渔业供给侧结构改革可以从降低成本、提高效益的角度解决贝类生产结构问题；辽宁省水产品出口行业内部出口同一品种商品的企业之间的竞相压价现象更突出，此为典型的"价格战"。其结果，不仅严重影响了全国水产品出口行业体制的健全，还致使省域水产品出口行业经济效益受损。这一恶性竞争问题的出现深刻表明，在省域水产品出口贸易的交涉和运行阶段中，相关企业协会等海洋渔业中介组织的行业协调和秩序规范作用尚未得到充分发挥和深度应用。

4. 出口市场过分集中，导致潜在风险较大

辽宁省出口杂色蛤出口主要集中于亚洲的日本、韩国和北美洲的美国。2018年辽宁杂色蛤出口到以上三个国家的产品总值数量可观，达到出口总值的86%，况且这一出口发展趋势将维持较长时间。辽宁省杂色蛤对日本、韩国和美国出口依存度较高。出口市场的过分狭窄，导致产品国际市场风

险相对集中,一旦这些国家农产品进口政策发生变化,将极大影响辽宁总体的杂色蛤出口份额,进而可能产生经济风险而带来整个出口行业的损失,同时削弱出口行业抵御国际市场风险的能力。

5. 相关认证意识淡薄,产品质量缺乏国际竞争力

自20世纪90年代起,中国开始关注HACCP(危害分析与关键控制点),国家进出口商品检验局制定"出口食品生产建立HACCP质量管理体系导则及具体实施方案",农业部以HACCP为基础制定《水产品加工管理规范》,一直致力于HACCP原则规范化。然而,辽宁省域企业获得输美HACCP认证率不够高。另对某些国家出口水产品,仅按照HACCP操作还不够,还要应对其他检验标准、卫生注册、通关程序等技术性贸易壁垒以及卫生检疫、环境标志、包装制度等绿色贸易壁垒。如欧盟要求出口水产品加工企业或捕捞加工船必须通过欧盟的考核并获得注册;日本要求出口水产品不仅要符合日本《食品卫生法》,还要满足"肯定列表制度"(全称:食品中残留农业化学品肯定列表制度);韩国要求出口的部分水产品实施"先精密检验后通关"的做法等。至2016年1月为止,辽宁省域获得欧盟注册的水产品生产企业为210家,认证率仅为22.95%。另外,巴西是新兴市场国家,目前辽宁省对巴西出口水产品的市场占有率较大且有很大的潜力,但截止到2015年4月获得巴西注册的辽宁水产加工企业为55家,认证率仅为6.03%。可见,辽宁省域水产品加工企业认证意识淡薄且认证能力低,严重束缚了水产品对外出口贸易的发展。

(三)机会(Opportunities)

1. "一带一路"及"辽宁自贸区"发展契机

"一带一路"倡议是推进经济发展的一条重要途径。辽宁省是"丝绸之路经济带"圈定的13个省份(直辖市、自治区)之一,"一带一路"建设不仅为辽宁经济全面深化改革和持续发展创造前提条件,也必然影响其水产品外贸格局,并为其寻找未来市场发展的着力点和突破口。"一带一路"沿线共有65个国家,经过多年的对外开放和经贸发展,辽宁省杂色蛤已经流向22个沿线国家,应抓住"一带一路"倡议以及"辽宁自贸区"建设的发展契机,力争取得新的突破和发展。

2. 供给侧结构改革的政策设计和制度安排

辽宁省杂色蛤出口企业共享国家税收方面的一系列扶持政策以外，还拥有省域的多重政策支撑。辽宁省政府部门非常重视贝类水产品出口贸易，通过建设出口水产品质量安全示范区、金融支持水产品加工企业发展、强化水产品技术标准并规范其出口管理、实施提升水产品出口便利和通关效率的"三通"（通报、通检、通放）模式等政策设计及制度安排，为其水产品出口企业创造了良好的发展环境。同时，在《辽宁省海洋与渔业发展"十三五"规划》的编制、《辽宁省渔业供给侧结构性改革行动计划》的制定中均体现了出口贸易的发展目标以及政策措施，为省域渔业外向型经济的可持续发展提供了坚实保障和发展机遇。

3. 健康、文化发展前景广阔

杂色蛤所具有的文化内涵非常丰富，涉及历史、饮食、收藏和休闲等方面。杂色蛤营养价值很高，肉味鲜美，营养丰富，蛋白质含量高，氨基酸的种类组成及配比合理；脂肪含量低，不饱和脂肪酸较高，易被人体消化吸收，还有各种维生素和药用成分；含钙、镁、铁、锌等多种人体必需的微量元素，可作为人类的绿色营养食品，深受消费者的青睐。蛤肉以及贝类软体动物中,含一种具有降低血清胆固醇作用的代尔太 7-胆固醇和 24-亚甲基胆固醇，它们兼有抑制胆固醇在肝脏合成和加速排泄胆固醇的独特作用，从而使体内胆固醇下降。它们的功效比常用的降胆固醇的药物谷固醇更强。消费者对食品的健康问题越来越关注，而蛤类海水产品具有高蛋白、低脂肪、多维营养、少有污染、健身补脑等特点，不仅能满足人们的营养需求，更能满足其对健康的渴望。

（四）威胁（Threats）

1. 国内外市场竞争越发激烈

市场竞争主要来自异国他省的强有力竞争。辽宁省杂色蛤出口核心竞争力得到一定的提升，其市场占有率不断扩大，居全国第一位，但依然面临着来自异国他省的巨大冲击和多维挑战。一方面，世界主要蛤类发达国家都非常重视外向型渔业经济的发展，进而加剧了水产品出口竞争。辽宁蛤类出口贸易直面印度、越南、泰国等国家的巨大冲击。另一方面，中国水产品主要出口省份都集中于东南部沿海，彼此也形成出口竞争布局。辽宁、山东、江苏等省都是蛤类产品的主要生产区域，产品的替代性很强，如江苏省的文蛤、山东省的蛤蜊和辽宁省的杂色蛤等，这些产品对于把蛤类当作食物的人来说，它们并无本质区别，产品的趋同性，决定了市场竞争越发激烈。特别指出，与自然条件和资源禀赋趋同的山东省相比，辽宁省蛤类产品的竞争面临的挑战会愈演愈烈。沿海省份水产品出口所形成的品种同质化竞争格局，对辽宁省水产品出口行业的冲击也将难以避免。

2. 贸易壁垒日趋严格，质量安全有待提高

国外所设置的贸易壁垒形式多样、种类繁多。辽宁省杂色蛤出口企业所遭遇的主要非关税贸易壁垒主要为韩国的"先精密检验后通关"、巴西检验检疫证书内容的数次调整等通关环节壁垒；日本的"肯定列表制度"所规定的检验标准、欧盟对水产品加工企业的卫生注册制度以及发达国家实行的信息标签制度等技术性贸易壁垒；美国的卫生检疫制度、美欧环境标志制度以及一些发达国家的包装制度等绿色贸易壁垒。而所遭遇的主要关税贸易壁垒为加拿大、欧盟相继于 2014 年、2015 年所取消的进口特惠关税政策。上述贸易壁垒，对于辽宁杂色蛤出口企业不仅增加了其出口成本，还降低了其国际市场竞争力。全球经济依然处于持续深度调整期，贸易保护主义威胁滋长，特别是美国贸易政策收紧明显，日本将于 2019 年取消进口特惠关税政策，为辽宁省水产品出口又增添了一些不稳定、不确定因素。

3. 人民币汇率发生不利的变化

辽宁省杂色蛤出口行业如同其他省份一样，承受着出口经贸环境中汇率因素的不断冲击。首先，人民币升值的间断性压力从未消失，是由来自中国经济体系内部的动力以及外来的压力共同作用所致。人民币升值势必对辽宁省域以进料、来料加工贸易为最主要出口方式的劳动密集型杂色蛤加工企业以及低附加值品种的杂色蛤出口企业构成沉重打击，使其陷入提高出口价格与失去部分市场的两难境地之中。其次，人民币升值使得杂色蛤出口企业还会遭受外币收入转化成人民币时的汇兑损失以及因杂色蛤出口量减少造成的损失。进而，杂色蛤出口企业经营利润缩减，部分企业将陷入较难的境况。

(五)SWOT 分析矩阵

经过 SWOT 分析可知(见表 3-11),辽宁省杂色蛤存在着单产水平不高、出口贸易业抵御风险能力脆弱、认证意识淡薄认证能力低下、养殖产品规模经济尚未形成、行业组织尚未发挥协调作用等方面劣势的同时,受到来自异国他省的强有力竞争、国外所设置贸易壁垒的限制、人民币汇率发生不利的变化等威胁。但在资源丰富、技术力量雄厚、品牌效应显现、物流快速便捷等方面凸现优势的同时,辽宁省拥有政府的政策设计和制度安排以及发展规划、"一带一路"及"辽宁自贸区"发展契机、杂色蛤国际市场的需求增长势头强劲等有利机会。

表 3-11 辽宁省杂色蛤产业 SWOT 矩阵

优势(S)	机会(O)
1. 资源丰富,成品产量高	1. "一带一路"及"辽宁自贸区"发展契机
2. 技术力量雄厚	2. 供给侧结构改革的政策设计和制度安排
3. 出口基础好	3. 健康、文化发展前景广阔
4. 品牌效应显现	4. 国家水产品产业化发展有政策支持
5. 物流快速便捷	
劣势(W)	威胁(T)
1. 单产水平不高,规模经济效率偏低	1. 国内外市场竞争越发激烈
2. 出口产品加工程度低,经济附加值不高	2. 贸易壁垒的限制
3. 养殖成本居高不下,利润空间有限	3. 人民币汇率发生不利的变化
4. 出口市场过分集中,导致潜在风险较大	
5. 认证意识淡薄,产品质量缺乏竞争力	

二、辽宁省杂色蛤出口行业的风险防范策略

(一)SO 战略——增长型出口战略

辽宁省杂色蛤产业具有很好的出口行业内部优势以及众多的出口行业外部机会,应当选取增加省域杂色蛤产品产量、开发杂色蛤的加工品,开拓国际水产品市场等增长型出口战略。

1. 调整产品结构，开发杂色蛤加工产品

通过2018年杂色蛤出口的产品比重看，与2017年比较，鲜活杂色蛤的出口比重在逐步上升，在保鲜技术和储运技术不断提升的前提下，如果能够保证产品的质量认证，鲜活杂色蛤的出口前景广阔，出口量可能呈现出逐年增加的趋势。加工企业应加大产品研发力度，开发出新式加工品，以满足国外消费者的多样化需求。与此同时，加工企业还应努力开发出迎合市场需求的罐头、保健品等，以尝试打开国内市场，适应不同消费层次的需求。

2. 发展杂色蛤文化

建议紧密围绕杂色蛤文化发展前景广阔这一机遇，从三个方面入手：首先，加强与科研机构和烹饪学校的联系，对现有的杂色蛤菜肴进行挖掘和整理，在此基础上创出类似"吁胎龙虾"和"灌云豆丹"等时尚而有影响的招牌菜，打造特有的杂色蛤菜系。其次，对在辽宁省内已经具有一定知名度的东港杂色蛤和庄河杂色蛤进行宣传推广，力争将其打造成全国知名的旅游项目。最后，开展杂色蛤壳的收藏活动，并搜集有关杂色蛤的历史文化和名人轶事，依据现有考究成果绘出宣传图画，营造出浓郁的文化氛围，增强产业的影响力。

（二）WO战略——扭转型出口战略

在面临巨大的出口行业外部机会，却受到出口行业内部劣势的限制时，应当选取利用环境带来的机会清除自身劣势的扭转型出口战略。

1. 调整产品结构，增加出口创汇

积极主动调整产品出口结构，打破技术性壁垒或者绿色贸易壁垒的限制。应重点抓住调整产品结构、提高加工深度，提高产品质量，在开发品种、提高加工深度、提高产品质量上求效益、求发展，增加出口，创造更高附加值。充分发挥原产地的优势，积极发展加工贸易，开发本土生产——本土加工再出口的贸易模式。

2. 推行机械化生产，降低生产成本

近年来，杂色蛤养殖的人工成本持续上涨，导致养殖企业的利润空间缩小，盈利能力显著下降。如果不能及时推进机械化生产以提高劳动生产率，那么产业未来的发展空间将会逐渐缩小。因此，尽快推进机械化生产

对于养殖企业的长远发展以及产业的持续发展都有着十分重要的意义。

3. 提高产品质量，在市场竞争中立于不败之地

加强杂色蛤养殖的基础设施建设，改变"靠天吃饭"的状况；加大科技攻关及推广投入，添置先进科研设备，加快技术更新，引进科技人才，提高广大科技人员及蛤农的素质及生产管理水平，不断提高产品质量，在市场竞争中体现优质优价，提高杂色蛤产业的经济效益。

（三）ST 战略——多种经营型出口战略

杂色蛤具有出口行业内部优势，但出口行业外部环境存在威胁，应当选取利用自身优势在多样化、差异化经营上寻找长期发展蛤类产品出口贸易机会的多种经营型出口战略。

1. 拓宽销售渠道

除了短而直的分销渠道外，杂色蛤销售也可采用稍长一点的渠道，采用新的分销渠道形式，发展更多的经销商，通过不同途径建立销售网络，扩大市场范围，增加市场需求。同时，日趋发达的网络也可被用来完善营销渠道，不但能增加市场需求，还能有效地降低销售成本。

2. 产品重组，差别定价策略

杂色蛤产品与其他贝类产品在口感上比较类似，同业竞争较大因而在市场容量和市场范围不变的情况下，杂色蛤销售商经常使用价格战这一竞争形式，随之而来的必然是两败俱伤。但如果能利用海鲜礼品在国内越来越受欢迎这一契机，将杂色蛤同其他能存活较长时间的海产品一起以礼品盒的形式进行销售，就可变恶性竞争为双赢，减少因打价格战而造成的损失。

（四）WT 战略——防御型出口战略

出口行业内部存在劣势，出口行业外部面临强大威胁，应当选取进行杂色蛤出口业务调整、设法避开外部威胁和消除自身劣势的防御型出口战略。

1. 防治污染，提高产品的质量安全程度

突破壁垒的成本不断增加。中国加入 WTO 以后，发达国家不断提高

进口农产品的技术标准，内容已涉及生态环境、动物福利、知识产权等多个领域，其中"绿色壁垒"是阻挡农产品出口的重要障碍，其负面效应不断放大。日本、欧盟、美国相继修改食品安全卫生法，大幅提高了食品、农产品的市场准入门槛，对辽宁蛤类产品出口造成极大的负面影响。

质量卫生问题成为扩大出口的重要障碍，成为农产品出口遭遇退货和贸易纠纷的主要原因。环境污染和滩涂老化一定程度上导致杂色蛤疾病频繁发作，严重阻碍了产业的发展。因此，防治污染和改良滩涂可以成为降低杂色蛤疾病发生频率的有效措施。另外，为更好地保护养殖海域的生态环境，政府还应对各类海洋工程、海岸工程项目依法进行海洋环境影响评价并实行全过程监管，禁止在杂色蛤养殖区内进行有碍生产或污染水域环境的活动，责令污染企业限期整治和修复已被破坏的海洋生态环境。

2. 制定品牌化战略，实现产品异质化转变

可以通过对目前杂色蛤市场需求的方向和消费者心理的把握，制定杂色蛤产品的品牌化战略，形成自主品牌，不断生产出"异质化"的产品，这是在国际市场上取胜的重要战略方向。这样做一方面可以提高杂色蛤的质量，使国外消费者了解辽宁省的杂色蛤，拓展销售渠道，提高杂色蛤的市场营销能力；另一方面有利于处理农产品贸易纠纷，避免一些国家对农产品出口的全面封杀。例如，目前国外消费者对于有机这一概念十分追捧，许多消费者具有对有机食品的消费偏好，可以针对这一消费热点，大力发展有机农业并建立相应的杂色蛤品牌进行出口。

第4节 辽宁省杂色蛤出口企业发展的政策建议

一、政府方面

（一）积极推进渔业供给侧结构性改革，提升杂色蛤产品质量和效益

结合水产品资源丰富、出口潜力大等优势，在供给侧结构性改革的政策背景下，通过推动科技创新，降低生产成本，促进杂色蛤深加工技术发展，延长产业链，提高产品附加值，增强辽宁省蛤类产品出口竞争力，不断拓宽和延伸辽宁省杂色蛤的出口市场。针对现在杂色蛤产品出口单一、高质量、高价格产品缺乏的特点，不断调整优化出口结构，根据国际市场对杂色蛤需求结构按需生产，按需出口，适当地调整杂色蛤产品出口的种类，不断提升辽宁省对外出口杂色蛤产品的结构效应，提高产品的质量和效益。

（二）加强对杂色蛤出口贸易的政策支持

加强农产品出口贸易体制的建设与完善，进一步建立与市场经济体制相结合的外贸政策体制。加强和完善政府的服务职能，强化相关部门、资源的整改力度，为农产品出口提供更加完善、周到的服务，加强农产品贸易信息的收集和分析。贸易支持主要应在"绿箱"政策上开展研究。与此同时，加强农产品出口的政策支持力度，积极扶持加工企业、出口企业，进一步增强价格优势。加强相关协会、出口企业之间的协调，保障农产品的顺利出口。与此同时，提高金融政策的支持，积极提供与农产品出口贸易相关的担保支持与信贷支持，认真贯彻国家关于退税出口的相关规定。

（三）加强农产品质量认证体系的建设

加强出口杂色蛤的质量标准体系、检验检测体系与安全监督体系的建设。一方面，必须大力推行标准化生产，并积极发挥龙头企业与集团模范的带动作用，进一步扩大杂色蛤的加工与生产。另一方面，加强对国际水产品质量标准体系的掌握与了解，并加强农业协会与出口企业的进一步学习。可以充分帮助企业应对贸易壁垒，加快发展。在此基础上，加快质量标准体系的建设，并积极与国际市场接轨。另外，加强农产品的检验与检测，全面保障农产品的质量标准，加强安全认证体系的建设力度，积极推行与落实质量认证标准。

（四）加强出口服务体系建设

对于出口水产品的服务工作，在产品上加强其统计工作。加强重点地区杂色蛤的检测与跟踪动态，建立健全完善的农产品信息服务机制。全面、及时地向出口企业传达国家的检疫措施、贸易制度、农业措施、质量标准等信息。与此同时，加强与西方等发达国家的合作与交流，加强重点农产品的国内外交流程度，通过博览会、推介会等重要方式，进一步提高农产品的国际知名度。

（五）产学研相结合，强化行业协会的作用

针对杂色蛤出口产品过程中存在的各种问题，针对性地建立行业协会。强化杂色蛤生产基地的建设力度，鼓励创新，研、学、产相结合，使生产农户、企业以及行业协会之间的利益关系更加紧密，进一步推动辽宁杂色蛤产品出口贸易的规范化、现代化和法制化。强化行业协会建设力度，积极鼓励各个生产主体在自愿的基础上组建行业协会，真正发挥行业协会在规范市场行为、协调价格、应对市场纠纷中的作用。

二、企业方面

（一）加大科技投入，降低生产成本，提升产品质量

从杂色蛤出口产品质量升级要求以及辽宁省杂色蛤市场竞争力和生产竞争力测算情况来看，辽宁省杂色蛤单产不高、质量不高，阻碍了杂色蛤国际竞争力的发展。辽宁省杂色蛤传统的生产方式不能满足降低成产成本、实现规模化生产的需要。在新形势下，应加强科技投入力度，在提高农业劳动生产率的基础上，降低农业生产成本。推广病虫害防治、良种繁育等有效技术，推进蛤类产品的机械化程度，从根源上降低产品的生产成本。加大科技投入，严格把控杂色蛤质量安全，企业在杂色蛤的质量监管方面加大投入，对杂色蛤的养殖生产、加工等环节进行系统研究，严格质量安全监管工作。

（二）加强实施品牌战略，增强国际竞争力

树立属于自己的品牌，并提升产品的知名度，从而提高中国杂色蛤的国际竞争力。大连獐子岛渔业公司是中国唯一一家国家级虾夷扇贝育苗基

地，其完整的贝类生产监管体系和严密的生产加工流程，使"獐子岛"这个品牌享誉中外，其贝类产品远销加拿大、美国、澳大利亚等多个国家，成为全球贝类产品第一供应商。

杂色蛤出口企业在加强杂色蛤深加工能力的同时，应积极加强自身品牌的建设力度，树立自己的品牌，增强产品的知名度。根据产地环境标准，国内划分了有机食品、绿色、无公害、普通等四种产品等级。作为最高等级的有机产品，必须在生产加工过程中杜绝激素等人工合成物质以及基因工程技术的使用。通过有机农业的全面有效发展，进一步打破传统的绿色壁垒屏障，顺利实现杂色蛤的对外出口。现阶段的市场竞争，已经从传统的价格战转向质量战。尤其是国外的消费者，他们更加重视品牌概念，重视产品的质量。通过品牌战略的实施，不仅能够全面高效地提高农产品的质量，拓宽产品的销售道路，加快产品营销的速度，还能有效避免贸易纠纷，降低出口的风险度。

（三）强化产品的深加工，进一步提高出口农产品附加值

辽宁省出口的杂色蛤产品中，初级加工产品占有相当大的比例。要想实现初级产品的丰富化，必须建立丰富化的产品生产系统，积极发挥比较优势，进一步改善并优化杂色蛤产品结构，更好地满足国际市场的需求。建立现代化、规模化的加工生产基地，大力推广杂色蛤的保鲜与加工技术，进而实现多层次化的产品。几乎所有的农产品都能进行深加工和精加工，进而提高生产等级和效益。提高企业的科技水平，加快高新农业技术的研发力度，鼓励传统农业与国外先进技术、优良品种的结合，提高产品的技术含量，适应市场需求。

第四章
辽宁省对东盟农产品出口市场现状、问题及应对

第1节 中国农产品东盟市场现状分析

根据中国海关的统计，2017年中国农产品对亚洲出口最多，其中，对东盟的出口量位列第四，仅次于日本、韩国和中国香港。在中国农产品出口总额中，出口东盟农产品所占份额达到8.5%。中国与东盟各国农产品贸易的互补性和成本结构与水平上的差异，使得中国农产品出口东盟具有一定的比较优势，出口潜力较大。

一、中国农产品在各地区市场情况

市场占有率，又称市场份额，指一个企业的销售量或销售额在市场同类产品中所占的比重，是产品在市场上所占份额，也就是企业对市场的控制能力，它在很大程度上反映了企业的竞争地位和盈利能力。

中国农产品在亚洲的出口量最大，约是出口北美洲的3倍之多，欧洲的13倍之多。中国和亚洲国家相似的饮食结构，是造成这一数字的一大原因。中国是亚洲国土面积最大的国家（对俄罗斯的出口量归于欧洲），地产丰富，而亚洲较为发达的国家或者地区，比如韩、日、中国香港，土地面积较小，且不适宜大面积种植作物，这促进了他们的进口量。中国农产品出口总额在各地区的情况如图4-1所示。

根据东盟商务部的数据显示，中国现在已经成为东盟农产品的主要进

口国家之一，中国农产品在东盟的市场上占有重要地位。

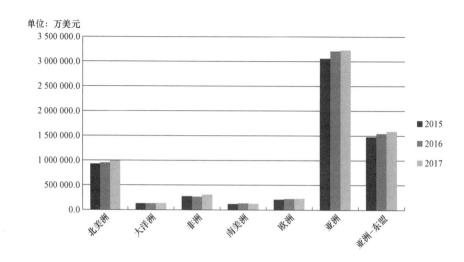

图 4-1　中国农产品分地区出口总额

资料来源：中国农业农村部。

二、中国对东盟出口农产品种类及结构

东盟是我国主要的农产品出口市场，联合国商品贸易统计数据库的统计数据显示，在目前国际海关 HS 的分类方法下，中国对东盟的出口包括了所有类别的农产品品类，中国在东盟市场上的主要农产品为水产品、蔬菜水果类、植物油、粮食等，主要是一些劳动密集型产品和初加工产品（如图 4-2 所示）。

食用植物油是中国对东盟出口的最主要的产品，出口金额为 1 464 万美元；水海产品出口额为 1 300 万美元；鲜干果出口额为 1 250 万美元；豆油、苹果、粮食的出口额分别为 903 万美元、754 万美元、730 万美元。可见，中国对东盟出口最主要的品类是初级产品，前几大出口量的产品数额相差也不大，出口产品结构比较单一。

图 4-2 2017 年东盟进口中国农产品品类表及进口额
资料来源：东盟农业部。

三、中国农产品在东盟市场发展趋势

近五年间中国农产品在东盟市场的表现呈波动式上升。图 4-3 显示了 2012 年到 2017 年东盟自中国农产品进口数额的变化，可以看出五年间东盟自中国农产品进口整体呈现上升趋势。2012 年，东盟自中国进口农产品总额为约 122.8 亿美元，此后逐年迅速增长，到 2014 年达到约 169.3 亿美元，接着受到经济波动影响，2015 年仅有约 101 亿美元，之后又稳定上涨，到 2017 年达到约 208 亿美元。

2012 年至 2017 年，东盟自中国进口农产品总额增长接近 75%。除受经济波动影响导致 2015 年出现了负增长外，其余年份皆呈现稳定增长趋势。从增速分析，2012 年至 2014 年间，增长速度较快。而自 2015 年之后，东盟自中国农产品进口额增长趋于平缓，这说明近五年中国农产品出口市

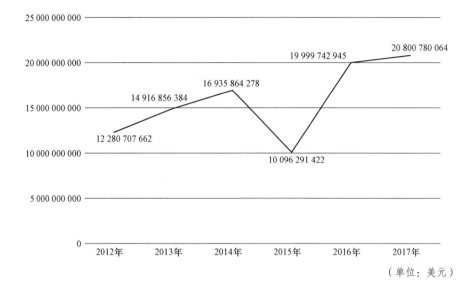

图 4-3　2012—2017 年东盟自中国农产品进口额

资料来源：东盟农业部。

场趋于成熟，已经到达一个瓶颈，此时需要中国农产品出口企业不断创新及改革，寻求对东盟农产品出口市场新的增长点。

第 2 节　辽宁省农产品出口东盟市场现状分析

辽宁省位于我国的东北部，是我国主要的农产品生产区域。辽宁省具有较长的海岸线，南邻黄海、渤海，区域内有大连、丹东、营口等重要港口，与日本和韩国隔海相望，具有发展农产品出口的优越地理位置。经过多年的经营，辽宁省农产品在东盟市场已具有一定的竞争实力。

一、辽宁农产品在东盟市场情况

随着现代农业的不断发展，辽宁省的农产品出口也确实得到了巨大的发展，其出口额一直位居全国前列，连续多年名列前五。辽宁省主要农产品出口额 2010 年为 35.90 亿美元,截止到 2017 年,已增长到 46.68 亿美元,约占到全国农产品出口总额的 7%~8%,平均年增长 8%,见表 4-1。

表 4-1　2010—2017 年辽宁省农产品出口与全国的对比状况

年份	2010	2011	2012	2013	2014	2015	2016	2017
辽宁省农产品出口额/亿美元	35.90	44.22	47.76	51.27	53.38	47.91	45.55	46.68
增长速度/%	17	23	8	7	4	−10	−4.90	2.48
全国农产品出口额/亿美元	488.80	601.3	625	671	713.4	701.8	726.1	753.0
占全国农产品出口比重/%	7	7.35	7.64	7.64	7.48	6.83	6.27	6.20

资料来源:中国商务部对外贸易司。

辽宁省农产品的出口市场遍及六大洲的 100 多个国家和地区,但主要出口方向为亚欧和北美洲的国家与地区,相对较集中。

其中由于地缘因素,亚洲市场一直都是辽宁省最大的农产品出口目标市场,约占全部农产品出口比重的 2/3。东盟是辽宁省对亚洲的主要农产品出口去向,2012—2017 年辽宁省农产品在对东盟出口上大约占到全国农产品对东盟出口总量的 6%左右,结合中国农产品在东盟进口市场的总体占有情况分析,辽宁省在东盟农产品市场的占有率约为 0.3%(见表 4-2 和图 4-4)。

表 4-2　2012—2017 年辽宁省农产品对东盟出口情况

单位:美元

国家	2012 年	2013 年	2014 年	2015 年	2016 年	2017 年
菲律宾	10 081 042	14 648 943	16 871 499	35 752 042	23 243 260	26 391 886
柬埔寨	6 929 324	7 273 251	7 345 361	406 083	784 555	884 942
老挝	0	0	0	0	0	3 004 268
马来西亚	19 009 671	49 508 686	62 436 272	129 056 406	37 226 693	29 152 865
缅甸	908 615	3 576 250	2 056 205	2 363 547	3 878 684	5 632 380

续表

国家	2012 年	2013 年	2014 年	2015 年	2016 年	2017 年
泰国	43 634 172	51 333 674	51 450 354	55 483 430	60 649 164	83 222 485
文莱	25 760	145 494	158 898	128 575	121 534	409 104
新加坡	36 239 444	29 553 094	62 920 754	63 155 567	41 490 074	38 239 070
印度尼西亚	19 828 170	27 572 909	22 756 056	19 343 792	10 778 424	10 053 520
越南	10 561 178	11 960 882	20 740 980	27 590 890	21 424 572	25 294 096
总计	147 217 376	195 573 183	246 736 379	333 280 332	199 596 960	222 284 616

资料来源：辽宁省农业农村厅。

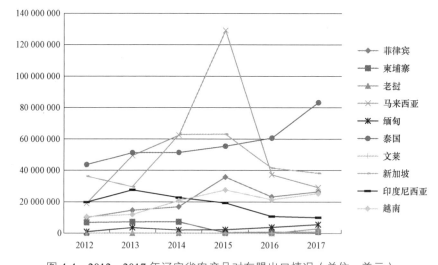

图 4-4　2012—2017 年辽宁省农产品对东盟出口情况（单位：美元）

从辽宁省农产品的出口国来看，出口是较为分散的。总结分析 2012—2017 年中国对东盟十国的农产品出口中其各自所占的市场份额以及各国的变动趋势可知，马来西亚曾是辽宁省农产品出口市场中所占份额最大的一个国家，尤其是在 2015 年尤为突出，但随后便大幅滑落，2017 年位居第 3。新加坡排名第 2，6 年间整体呈现山峰型。位居首位的是泰国，且其自 2012 年开始一直保持着稳速上升趋势。越南与菲律宾 2017 年数额基本在 2.6 亿美元左右，其余 5 国大致与上年持平。

二、辽宁省出口农产品种类及结构

为了与东盟的农产品进口量保持一致的统计口径,本文从海关主要商品统计目录(HS 编码)出发,进一步结合辽宁省农产品的深加工程度和要素密集度,将农产品划分为土地密集型、劳动密集型、资源密集型和深加工农产品四大类。

表 4-3 反映出了辽宁省分类农产品 2017 年的出口贸易状况,由表中可以看出,在 16 个出口产品种类当中,属劳动密集型的种类最多,占了 4 种,其次是土地密集型的,占了 3 种,接着是消费者导向型,占了 2 种,然后是深加工型的和资源密集型的,各占了 1 种。

从农产品的出口结构上看,辽宁省有着比较优势的土地密集型农产品,如谷物和谷粉、玉米、干豆、食用油籽和大豆等,出口数量较大。辽宁省的地理优势明显,土壤土质适合果蔬类的生长,因此小浆果类如树莓、蓝莓、草莓和栗子等特色化产品具有比较优势。借助于临海地缘优势,辽宁省的水海产品也有着较强的出口竞争优势。相比之下,深加工农产品如食用植物油等出口优势薄弱,此类农产品的出口还有较大的上升空间。

表 4-3 2017 年辽宁省主要分类农产品出口情况

类别	农产品	2017 年出口额/亿美元
土地密集型	谷物	2.207 2
	食用油籽	1.879 6
	蔬菜	2.154 4
劳动密集型	果蔬制品	0.541 1
	水果及坚果	2.219 5
	畜禽产品	1.299 5
	水产品	2.144 3
资源密集型	烟草	0.045 5

续表

类别	农产品	2017年出口额/亿美元
消费者导向型	食糖	2.170 9
	饮品	1.575 6
深加工	食用植物油	0.242 5
未分类	饲料及添加剂	2.150 1
	调味品	2.155 1
	园艺植物产品	2.046 4
	杂项食品	1.815 9
	其他	2.149 6

资料来源：辽宁省农业农村厅。

从出口贸易额角度出发，2017年辽宁省农产品出口额前5位的农产品均为初级产品，分别为水果及坚果、谷物、食糖、调味品、蔬菜。这种状况也表明，目前辽宁省出口的农产品主要集中在劳动密集型产品（如水海产品、水果等）和土地密集型产品（如粮食、蔬菜等），这些初级产品的出口优势比较明显，也更具国际竞争力；相对而言，深加工产品出口所占份额过小，缺少高附加值的出口农产品。

三、辽宁农产品在东盟市场发展趋势

2012年，辽宁省对东盟的农产品出口总额为1.07亿美元，此后逐年迅速增长，到2015年达到5.17亿美元，2016年下降出口额为2.36亿美元，2017年略微上涨为2.61亿美元。

从增速分析，2012年至2015年间，辽宁省对东盟的农产品出口额保持大比例增长，其中2013年出口额同比增长100%。而自2015年之后，辽宁省对东盟的农产品出口为负增长（如图4-5所示）。

整体而言，辽宁省对东盟的农产品出口额在2012年到2017年这6年间呈现极速上升的趋势，虽然在2016年有大幅的下滑，但考虑到2015年世界经济复苏乏力、消费需求不足，这种情况也实属正常。这也从侧面说明辽宁省目前以初级农产品为主的农产品出口结构受宏观经济形势影响较大，抵抗风险的能力较弱，需要寻求更高的附加值，提高其不可替代性。

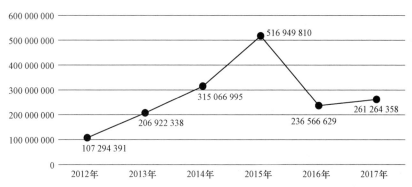

图4-5　2012—2017年辽宁省农产品对东盟出口额（单位：美元）

四、辽宁省农产品在东盟市场面临的挑战

（一）来自国内竞争者的挑战

中国作为东盟的主要农产品进口国之一，在东盟市场上面临着许多其他国家的威胁和挑战。从农产品种类方面而言，中国和亚洲其他国家的农产品出口结构类似，被替代的风险较大。同时，作为一个缺乏深加工农产品的省份，辽宁省农产品在东盟的农产品市场上同样面临着中国其他省份农产品出口的竞争者（如图4-6所示）。

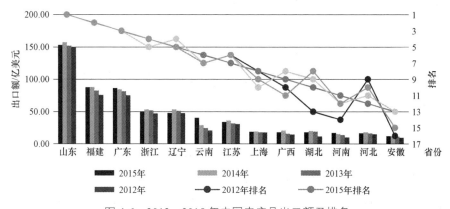

图4-6　2012—2015年中国农产品出口额及排名

2012、2013、2014、2015年辽宁省农产品出口总额分别为45.55亿美元、47.60亿美元、50.76亿美元和47.90亿美元，2013和2014年分别同比增长4.51%、6.64%。从图4-6可以看出，辽宁省近4年农产品的出口额在第4位及第5位浮动，与浙江省相近，如2014年农产品出口额位于全国第4位，而2015年则被浙江省超越，成为全国第5位，这说明来自国内其他省份的压力也是辽宁省出口农产品到东盟市场的一个重要挑战。

（二）东盟市场采购客户单一

辽宁省农产品生产企业的规模相对较小，生产能力有限。在辽宁省实地调研的过程中发现大部分企业的主要出口对象为日本、韩国的客户，其次是欧洲市场的客户，之后才面向东盟的客户。从农产品出口规模来看，辽宁省对东盟的农产品出口总体数量较小，规模有限。目前东盟市场的客户需求与辽宁省农产品出口企业的产能已经达成了一个均衡，从供给的角度出发，辽宁省农产品对东盟的出口缺乏能力和动力。

（三）东盟进口市场需求缩紧

虽然当下东盟经济在普遍疲弱的发达经济体中表现仍旧突出，但全球经济金融市场波动对东盟经济的影响较之以往大大增加。同时，过度依赖货币政策使东盟经济复苏基础并不牢固。

受到宏观经济形势的影响，东盟农产品消费市场整体增长较缓，同样地，农产品进口需求也逐渐缩紧，东盟对于农产品进口的需求渐趋稳定，这无疑对辽宁省农产品出口造成不利的影响。

第3节　辽宁省农产品出口东盟的问题、风险与应对

辽宁省农产品出口表现出如下特点：第一，辽宁省农产品出口贸易整体表现较好，出口额在我国位居前5位，但与第一梯队的山东省、福建省和广东省的差距较大；第二，目前辽宁省出口的农产品主要为劳动密集型、

资源密集型和初级加工类型，主要是依靠辽宁省优越的自然地理优势，但并未体现辽宁省的第二产业和第三产业优势，缺少深加工、高附加值、强品牌的农产品；第三，在对东盟出口市场方面，由于地缘因素辽宁省对日韩等国家出口较多，对东盟出口农产品与全省农产品出口额相比比重较小，但东盟仍然是辽宁省农产品的主要出口市场之一，市场潜力较大；第四，近两年受宏观经济形势和国际农产品市场影响，辽宁省对东盟农产品出口的增长逐渐放缓并且可能出现下滑甚至负增长的趋势；最后，在对东盟农产品出口的市场上，辽宁省不仅面临着同类产品的竞争，同样面临着国内和国外众多强势竞争者的挑战。

从中可以看出，辽宁省农产品在对东盟出口的道路上仍有许多困难需要克服。无论是辽宁省农产品生产和出口自身的问题，还是进入东盟市场时的外部障碍，都是辽宁省需要应对的挑战。

一、"标本兼治"——辽宁省农产品对东盟出口的问题及应对

（一）出口农产品加工程度低，缺乏经济附加值

对辽宁省的出口企业输出产品特征做出分析，其初级农产品在全部出口份额当中占有绝对比重。然而，进口产品在新鲜程度上会次于当地产品，市场竞争力不足，外加出口环节成本较高，初级农产品售价较低，出口企业的利润空间难以扩充。同时，初级农产品同质化竞争严重，还可能导致本土企业为了争夺海外市场互相攻击，最终两败俱伤。此外，辽宁省农产品出口环节极易受到技术性壁垒或者绿色贸易壁垒所限制，理应积极调整产品结构。甚至我国进口的加工农产品的原材料源于辽宁省，出口至国外经加工后又流回国内销售，其中的高额再加工利润都由国外加工的环节获得了，这充分说明可在加工贸易方面获得的经济效益及可观发展前景。所以应充分发挥原产地优势，积极发展加工贸易，开发本土生产、本土加工再出口的贸易模式。

应对措施：

优化出口农产品结构,提升产品附加值。辽宁省可以结合东盟市场需求及东盟民众的消费习惯,按照东盟市场的标准进行生产和加工,定向出口、大力发展农产品深加工产业,改变主要靠初级产品出口的不合理结构。

首先,可以从行业或产品层面建设相应的加工基地,实现资源整合与共享,大力发展农产品的加工、储藏、保鲜,实现农产品的多层次增值。所有农副产品都可以进行粗、精、深加工,分等分级,提高等级和效益,特别是具有辽宁省特色和优势以及加工潜力大的农产品。其次,可以加大对国际上农业核心技术和先进农业设施的引进,加强农业高新技术的研究、开发和应用,发展高科技农业企业,提高辽宁省农产品的科技含量。

(二)出口农产品品牌认知弱,缺少品牌建设

在当今的国际经济舞台上,越来越多的企业认识到,仅做一流的制造商不能真正赢得国际市场,只有拥有自主品牌才能增强出口竞争能力。

然而目前辽宁省出口的农产品很少有自己的独立品牌,贴牌较多,这意味着辽宁省的农产品很难直接面对消费者,间接削弱了消费者的认知度和消费黏性。因为品牌是消费者识别农产品品质的重要标志之一,而且品牌可以提高农产品的效益。好的品牌有自身的价值,名牌的价格一般比非名牌高 20%~80%,有的甚至高几十倍、上百倍。

应对措施:

1. 制定农产品品牌化战略,实现农产品异质化转变

辽宁省可以通过对目前东盟农产品市场需求的方向和消费者心理的把握,制定农产品的品牌化战略,形成自主品牌,不断生产出"异质化"的产品,这是在东盟市场上取胜的重要战略。这一方面可以提高出口农产品的质量,使国外消费者了解辽宁省的农产品,拓展销售渠道,提高农产品的市场营销能力;另一方面有利于处理农产品贸易纠纷,避免一些国家对农产品出口的全面封杀。例如目前东盟消费者对于有机这一概念十分追捧,许多消费者具有对有机食品的消费偏好,而辽宁省可以针对这一消费热点,大力发展有机农业并建立相应的品牌进行出口。

根据心理学上所说的"自居心理",名人所特有的"光环效应"会使消费者由于对明星的喜爱而产生情感上的肯定心理,认为明星推荐、明星同款可信度更高,更代表着时尚和潮流导向。另外,消费者也会产生拥有此

商品就会将明星身上的特质转到自己身上的心理，这样会更容易使他们产生购买的欲望。同时，名人效应可以带来更广泛的号召力和知名度，加深商品在消费者心中的印象，通过名人效应固定下来的消费者群体更加稳定，忠诚度更高。

2. 积极推动农产品"走出去"，引导消费者"走进来"

现今社会的发展和信息的爆炸，使得"酒香仍怕巷子深"，建设农产品品牌后仍然需要积极地进行市场营销，使其走向市场，面向消费者，提升消费者的认知度。

辽宁省可以一方面充分利用各种境内外博览会、展销会、交易会、推介会，积极地"走出去"，实现企业间的国际交流与合作，进一步为本省农产品开拓市场，提升知名度，通过面对面的沟通充分展示辽宁省农产品的特色，宣传辽宁省农产品的优势，提高市场影响力。另一方面可以结合目前我国迅猛发展的互联网产业，实施农产品的"互联网+"战略，例如可以通过推特、脸书等社交媒体引导并帮助东盟进口企业主动了解辽宁省农产品的最新动态，进行市场调研、参展促销、宣传推介等市场开拓活动，帮助辽宁省农产品企业获取订单，结识客户，提升品牌优势，增强出口能力。

3. 农产品出口企业单打独斗，缺乏配套设施

孤木难以成林，一个企业的力量是有限的，以目前辽宁省大多数农产品企业的规模来讲，单打独斗很难在东盟市场上获得一席之地。所以辽宁省的农产品企业如果想在东盟市场上逐渐成长起来，需要形成一个完整的竞争团体。

一方面，以竞争单位来讲，目前主要是以单一的农产品企业进入东盟市场来面对东盟进口商。这使得辽宁省的农产品出口企业需要单独面对经销商或者进口商，难以形成规模效应，也难以掌握话语权，在产品标准或是出口价格等多方面受到买方的限制，而且由于质量和包装等问题，在国际市场上缺乏竞争力。在出口同一产品时，各个产品加工企业常常竞相杀价，低价出口，损害了整个行业利益，导致出口企业整体效益滑坡。

另一方面，从产业链来看，在农产品出口贸易中，涉及种植业与加工业、相关服务业、生产资料、包装工业等各类上下游产业，需要多方面通力合作，支持农产品的出口。

辽宁省农产品支持性产业问题主要存在于相关金融业、信息服务等方面。一是同中国其他省份一样，辽宁省的农业企业也存在着贷款难的现象。

中国一些地方性金融机构对农产品出口企业的年贷款利率高达9%~10%，使得企业难以承受。二是由于辽宁省农产品出口企业进入国际市场的时间较短、规模较小，辽宁省的农产品出口服务体系尚不完善，无法在制度政策、管理咨询、宣传推广等方面给予服务支持，在开拓国外市场和出口渠道方面缺乏人才和力度，没有建立稳定的国际市场信息渠道，缺乏统一的信息资源协调机制，导致企业无法获得及时、有效、权威的国际农产品供求、政策和质量卫生标准等方面的动态信息。

应对措施：

建立辽宁省农产品行业协会，形成产业规模效应。在当前形势下，辽宁省可以促进省内农产品行业协会的建立，借助行业协会的力量，团结省内的农产品生产和出口企业，整合全部力量，形成产业规模效应。一方面整体提升在东盟市场上的话语权，有助于提升整体议价能力、解决国际贸易纠纷、应对国外各种技术壁垒、提供各类农产品信息等；另一方面可以与国内金融机构进行协商谈判，得到金融机构的支持，促使其降低利率，为众多农产品出口企业提供相应的优惠措施，为辽宁省农产品出口东盟提供充足的金融支持。

二、"知彼知己"——辽宁省农产品对东盟出口面临的风险及应对

（一）东盟消费市场萎缩，汇率风险逐渐提升

金融危机使全球消费者的购买力普遍下降，造成了消费需求大幅缩水，特别是外部需求减缓，对辽宁省出口造成更大的压力。东盟消费者对农产品的需求，尤其是进口农产品的需求大大降低，导致一些合同不得不终止，原有订单被取消，从而对辽宁省农产品的出口造成了一定影响。同时，经济衰退的另一个重要表现就是失业率的骤增，这最终改变了一部分东盟消费者的消费观念和消费习惯，降低了他们对农产品质量的要求，对于农产品的价格更加敏感，所以更多的人可能会选择相对更具价格优势的国产农产品或其他农产品。

通常情况下，汇率水平的变化会改变一国对外贸易商品的价格，从而

影响贸易商品的竞争力。汇率贬值会降低一国出口商品的价格，相对提高进口商品的价格；汇率升值恰恰相反，会提高一国出口商品的价格，相对降低进口商品的价格。

应对措施：

合理运用金融工具，多方面削弱风险影响。为了应对汇率变动带来的风险，一方面需要辽宁省农产品结构的升级，正如上文提到的，需要在目前的基础上提升农产品的加工程度，增加其经济附加值；但另一方面辽宁省对于汇率这一金融风险，可以运用金融工具来削弱其负面影响。例如，辽宁省农产品出口企业应提高其风险预警意识和即时的应对能力，在美元不断贬值的情况下，农产品企业可以采取锁定汇率的远期结汇方式来对冲美元贬值的风险，并通过与进口商谈判适当提高产品价格，减少贬值带来的损失，稳定农产品的出口规模。

纵观全球各国家之间的大宗农产品贸易，大多根据世界上主要期货市场价格作为定价基础，期货市场的价格对农产品现货市场的影响极大，但是中国的期货市场影响力太小，国内农产品期货价格还是离不开现货价格，一般企业只在期货市场做套保锁定利润，期货市场利用率低。然而东盟的农产品则对期货市场的依赖和利用程度非常高，所以辽宁省的农产品出口可以借助国内外的期货交易市场，降低汇率风险。

（二）东盟市场需求变化，显示性比较优势渐失

从中国与东盟贸易实施降低关税并使农产品贸易关税降低至零关税之后，双边的贸易额就一直在持续不断地增长。但是中国在农产品上拥有的廉价劳动力对东盟已经不具有优势，因为东盟在劳动力方面也相对廉价，因此中国农产品的价格比较优势正在逐渐丧失，中国对东盟国家的农产品出口增长率逐渐降低，而相对的进口增长率则逐渐升高，且农产品的出口竞争力比起之前有着明显的下降。辽宁省出口的农产品也面临着相同的情况。在这种情况下，中国的农产品贸易就会长期不平衡，继而贸易逆差会不断增加。虽然2013年贸易逆差有所回落，但是这种长期逆差的局势对中国经济快速发展以及综合国力的迅速提升是不利的。这种农产品贸易发展不平衡的形势，对我国在双边农产品贸易上将会产生诸多不利影响（如图4-7所示）。

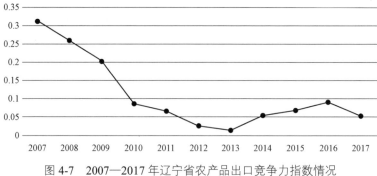

图 4-7　2007—2017 年辽宁省农产品出口竞争力指数情况

通过收集《中国农业年鉴》、《辽宁省统计年鉴》、世界贸易数据库等数据计算辽宁省主要农产品显示性比较优势指数，具体情况为辽宁省农产品显示性比较优势指数比较大的产品包括蔬菜和深加工产品蘑菇罐头，尤其是蘑菇罐头的显性比较优势指数在 8 左右，在国际市场上有明显的优势。其次是大豆，食用油籽，鲜、干水果及坚果，三者的显示性比较优势指数超过 0.5。显示性比较优势指数较小的为稻谷和大米、谷物和谷物粉、玉米、食用植物油、冷冻猪肉和冷冻牛肉。尤其是冷冻猪肉基本处于劣势地位，显示性比较优势指数在 0.015 左右徘徊（见表 4-4）。因此，辽宁省农产品还需提高其竞争力从而扩大国际市场份额。

表 4-4　2010—2017 年辽宁省主要农产品显示性比较优势指数

项目	2010	2011	2012	2013	2014	2015	2016	2017
大豆	0.637	0.514	0.547	0.568	0.544	0.573	0.596	0.632
稻谷和玉米	0.193	0.139	0.142	0.154	0.148	0.175	0.164	0.187
谷物和谷物粉	0.262	0.291	0.281	0.275	0.284	0.262	0.254	0.279
玉米	0.110	0.073	0.069	0.065	0.067	0.058	0.056	0.062
食用油籽	0.598	0.480	0.495	0.482	0.476	0.474	0.465	0.472
蔬菜	1.913	0.907	1.107	1.205	0.906	1.142	1.126	1.134
鲜、干水果及坚果	0.799	0.408	0.523	0.496	0.514	0.498	0.526	0.547
冷冻猪肉	0.008	0.026	0.019	0.014	0.023	0.017	0.013	0.019
冷冻牛肉	0.196	0.221	0.187	0.185	0.179	0.176	0.178	0.181

续表

项目	2010	2011	2012	2013	2014	2015	2016	2017
辣椒及辣椒粉	0.450	0.254	0.256	0.287	0.291	0.294	0.351	0.362
蘑菇罐头	9.962	8.843	7.795	8.352	7.765	8.258	8.569	8.578
食用植物油	0.328	0.170	0.268	0.284	0.276	0.198	0.214	0.253

应对措施：

根据差异比较优势，发展特色农业，合理调整农业结构。中国与东盟的农产品贸易在气候以及资源禀赋等因素的影响下，双边的农产品是具有一定差异的，而在目标市场的需求下，就更应该以此来调整省内农业结构，发展培育省级特色农产品，并根据农产品的季节性来有效地进行供应调控，以此达到供需平衡。因此发展特色的农产品已经成为辽宁省内企业首要的任务，政府要结合实际，合理调配符合省内的农业结构，加强"特色、优质、高效"的农产品精细化生产，促进双方贸易结构更多元化。重点扶持有潜力优势的农业产品，依靠农业技术力量的不断进步，着重改良这些具有特色的农产品。在改良的同时还要注意成本、产量以及质量三者的关系，从而将投入产出比提高到更高的水平，最终达到贸易双方农产品的优势最大化。

第4节　对政府推进辽宁省农产品出口进程的建议

审视近年来辽宁省对东盟农产品的出口形势可以判断，在未来一段时间内，辽宁省政府部门对农产品出口的支持尚且拥有很大的改善空间。我们将从国际、国内两个方面对此进行分析阐述。

一、立足于国际环境，与"一带一路"接轨

（一）关注"一带一路"生态农业和食品安全

农业和食品是世界人民永恒的话题，也是"一带一路"沿线国家共同

关注的热点领域。生态农业和食品安全合作已经成为"一带一路"建设不可缺少的重要组成部分，成为建设沿线国家利益共同体和命运共同体的重要结合点。辽宁省虽然在严厉打击违法违规经营农业化学投入品、建立健全农产品质量安全可追溯体系等方面做了大量工作，但仍存在一些有待改进的问题，农产品质量安全水平亟待提高。

由于农产品大多数是鲜活产品，对海关的质量检测提出了更严格的要求，我们必须在源头就把质量控制好。习近平主席在十九大上强调质量建国的重要性，加强供给侧结构改革，坚持质量变革，进行产品生产应时刻谨记"民以食为天，食以安为先"，强化"随机、公开、信用、关键、溯源" 5 项重点科学监管模式。利用现代科学技术对产品进行有序的、深层次的检验，完善相关的法律法规，坚持责任落实政策，确保产品在出海关时的质量，只有质量过硬，才能在国际市场上占有一席之地。

同时，辽宁省相关部门也应多关注并参与"一带一路"生态农业和食品安全论坛，通过开展农业与食品领域高层对话、农业及食品展览、农业及食品技术交流合作、参观学习国外先进农业与食品生产技术、贸易谈判与合作签约等活动，组织入驻信息平台企业实地推广交流，与沿线国家当地政府签署入驻合作协议，促成互信降低成本，实现 B 端大额交易，推动精准化国际农产品和食品贸易技术合作。

（二）基于"一带一路"加强平台和通道建设

"一带一路"的互联互通项目旨在推动沿线各国发展战略的对接与耦合，发掘区域内市场的潜力，促进投资和消费，创造需求和就业，增进沿线各国人民的人文交流与文明互鉴，让各国人民相逢相知、互信互敬，共享和谐、安宁、富裕的生活。将"一带一路"倡议真正落实在农产品出口方面，辽宁省应加大平台和通道建设力度。虽然辽宁省每年也会举办展会，但规模和力度仍需加强。不仅将目光聚焦在国内，更应该邀请"一带一路"沿线国家共同参与，也可以试着将展会举办地点设在海外，邀请国内参展企业赴海外参会。这样一方面能够拉近参与展会人员间的距离，另外也可让海外市场更加了解省内农产品情况。其次，把握好消费者的终极需求有利于农产品出口。辽宁省相关部门应就每年出口农产品做深入的数据分析，并根据当年对于市场的调研找出原因，提出建设性意见。这样，农产品开发部门也能找准研发方向。当然，在贸易洽谈的过程中，要利用农业物联网，努力减少中间环节，从而节约成本。最后，依照当前形势，辽宁出口东盟市场农产品数额达到稳定值甚至有略微下降趋势，辽宁省应建立多条海外通道，在稳固东盟市场的同时可将精力更多放在开发新市场并致力于增加市场份额上。"一带一路"的提出为农产品向沿线国家出口提供了政策基础，也在税收政策等方面给予了较大优惠力度，所以辽宁省应利用好时机，构建更多交流平台，加强多条通道建设。

（三）考察"一带一路"沿线国以开拓海外市场

"一带一路"连通了辽宁省与俄罗斯、欧盟之间的道路，改变了辽宁省的农产品贸易市场集中在日韩地区的情况。2016 年辽宁省进出口货物总额位列全国第 5，这与辽宁省政府加强管理，完善质量监督管理体系，创建国家级出口食品农产品质量安全示范区 20 余所、省级示范区 40 余所等措施息息相关。在大连港或营口港，每周都有直达俄罗斯与欧洲的班列，缩短了货物运输的时间，这一班列的运行对农产品的影响最大，扩大了农产品的输送量，通过这种方式辽宁省的农产品就可以又快又好地送达，且运输成本较低廉，有效地使辽宁省的产品打开欧洲市场。目前，辽宁海关正通过提高航海运输的数量、做强机场港口的能力、增加列车班次等手段强化自身的物流输送能力。2017 年，辽宁省财政厅发布的《关于财政支持深入推进农业供给侧结构性改革的实施意见》中明确提出要优化农用资金的结构，吸引外资与广大的社会资本投入农产品的发展中，增加农业竞争力，提升农产品的附加值。由此可见，"一带一路"战略将会推动辽宁省农产品贸易实现较快的发展。所以，在未来的发展中，辽宁省应紧扣"一带一路"倡议，除巩固在东盟的市场之外，还应加强与其他国家间的贸易往来，以此扩大海外市场。

二、着眼于国内形势，不断提升硬实力

总体来讲，辽宁省政府部门应加强组织保障，进一步加强对省内农产品出口工作的组织领导，强化主管部门力量和队伍建设。具体可以通过政

策措施、经济保障、服务措施、企业建设等四个方面来推进辽宁省农产品的出口工作进程。

（一）加强政策保障，形成农产品出口核心能力建设

辽宁省政府作为农产品出口的管理者和服务者，应该充分发挥政府部门的能动性，站在战略高度，综合运用政策法规，保障现下本省农产品出口的优势，并逐渐推进出口农产品的核心能力建设。

1. 实施农产品出口整体化战略，加强农产品出口基地建设

实行有效农业管理体制改革，提高国际竞争力。针对当地目前农产品出口现状，辽宁省应采取两种主要模式：一是龙头企业带动，二是农产品出口区域化管理。采取龙头企业带动模式，发展规划建设高标准的农业产业化基地，这也是发展现代农业和外向型农业的基础所在。企业建立紧密或松散的出口联合体，打造农产品出口"旗舰企业"，带动农产品"一县一品""一乡一品"的种植、养殖和加工出口，逐步形成资源共享、梯次发展、整体提升、规模不断扩大的出口增长模式、区域化发展模式。采用"区域管理+龙头企业+标准化"的模式，在出口重点农产品较为集中的地区，实行出口农产品质量安全示范区建设，扩大种植和养殖规模，逐步推广完善，形成地方政府主导、法规标准完善、企业积极参与、部门运转协调、产品质量稳定、富有竞争力和拉动作用的优势农产品区域化发展新格局。

2. 重视行业协会的重要作用，加强对行业协会的扶持

在辽宁省的农产品出口过程中，存在中小企业为了抢占国际市场，而竞相降价的现象。这一现象导致辽宁省的企业出口市场陷于无序的竞争状态。各个出口企业竞相降价导致市场价格大幅下降，可能出现出口量大增但是利润却下滑的现象。建议参考别国对外贸易当中的市场价格管控与保护措施，防止企业与企业之间通过相互降价进行恶性竞争。协会的主要职责是为出口产品设定出口指导价格，同时对行业的发展规划、贸易秩序管理等做出指导。充分发挥行业协会的引导功能，促使企业之间良性竞争。同时做出合理的定价安排。对于违反市场规范的企业，给予一定的惩罚，警示企业遵守合理的市场规范。

（二）加强资金保障，实现财政、金融双向资金支持

1. 财政层面扶持，助力农产品出口

国家级层面，我国设立了众多国家级资金项目来支持我国中小企业的发展，如国家中小企业技术改造专项资金、产业集群发展奖励资金及专项补助资金、中小企业发展项目专项资金及担保机构风险补偿金等。辽宁省政府部门应积极进行宣传，将相关的优惠、福利政策传达到本省农产品出口的中小企业、潜力企业。

省级层面，辽宁省政府部门应设立相应的鼓励性财政支持政策。一是可以建立本省农产品出口基地建设基金，从资金方面保障农产品出口基地建设和农产品龙头企业发展，支持农产品产业结构升级、农产品加工企业自主技术研发和农产品新品种培育等。二是可以设立农产品出口环节专项资金，支持农产品企业在国外注册产品品牌、进行信息发布、开展质量认证和进口市场准入的各项认证。三是可以通过财政设立农产品出口奖励机制，每年对农产品出口领头企业给予一定关税优惠或者物质奖励。

2. 改善融资环境，有效规避汇率风险

抢抓时机，解决企业融资难题。企业能否抓住时机扩大出口关键在于原材料收购。由于农业企业原材料收购的季节性强，短期对资金需求量大，流动资金缺乏是困扰企业的最大难题，有关部门应协调金融机构，积极帮助企业扩大融资渠道，切实解决企业融资难题，确保企业原材料收购资金落到实处。

目前，一方面政府部门可以与金融机构通力合作，搭建农产品出口企业快速融资交流平台，疏通农产品出口企业融资途径。与此同时，及时向企业介绍金融避险工具，帮助企业加强对人民币汇率变化趋势的分析研究，使其努力掌握新的汇率避险金融产品和工具，提高规避汇率风险的能力。

另一方面，政府牵头成立金融担保机构或增加对现有担保公司的资金投入，建立中小企业信用担保基金和再担保机构，对于符合条件的担保机构给予风险补偿专项资金支持，提升其担保能力，降低评估、登记及其他服务收费标准，以降低中小企业信用担保的门槛。

（三）加强服务保障，全方位构建农产品出口服务平台

建立长效机制，打造辽宁省农产品出口公共服务平台。应建立全方位的、长效性的与企业对接机制，加速推进农产品出口。发动有关单位共同打造辽宁省农产品出口公共服务平台，包括出口农产品销售服务体系，检验检测服务体系，监测与预警通报体系，农产品质量安全可追溯体系等。组建推进农产品出口专家服务团队，提供技术支撑，搭建网络信息服务平台，提供市场信息、各有关部门及企业信息，提升服务水平。

1. 及时提供信息服务

辽宁省政府部门要建立统一完善、信息灵敏、覆盖面广的农业信息采集、发布系统，及时地向企业提供国际市场价格、国际市场需求、进口国家技术标准及准入要求、进出口检验检疫相关规定、海关报关规定及程序，以及国家和地方出台的进出口扶持政策，助力农产品企业及时应对瞬息万变的市场，提高快速反应能力，第一时间制定应对策略，做出合理的应对。为企业提供法律咨询服务，促进与东盟行业对行业、企业对企业的交流磋商，及时化解农产品出口的纠纷和争端，为辽宁省农产品出口创造较好的对外沟通渠道和法律保障。

2. 搭建科研服务平台

当下辽宁省农产品出口企业的规模较小，对于技术研发可能处于有心无力的状态。辽宁省政府要加强对于省内科技资源的整合，建立辽宁省农产品出口研究平台和教育平台。连接企业、农产品科研院所和省内外的高等院校，实现产—学—研的无缝对接。利用优秀的科研资源和能力，培养具有前沿知识和能力的专业化优秀人才，引进先进加工设备和工艺技术，积极开发具有自主知识产权的新产品、新技术，促进辽宁省出口农产品由资源密集型向技术密集型的转变，推进产业结构升级进程，建立出口农产品的科技核心能力，从技术层面提升农产品的市场竞争力。

3. 建设辽宁省农产品"海外仓"

跨境交易成本高、花费时间长、各种手续烦琐，海外仓的建立可有效解决这些问题。将传统贸易升级为海外仓交易，不仅能缩短贸易流程和周期，还能扫除小批量的 B2B 订单的盲点，有利于小额订单的完成，也能够

降低物流成本，一举数得。比起原产地发货，海外仓更接近终端客户，能够以最快的速度交付货物并实现货品的退换等服务，提高了服务水平。此外，海外仓的货品价格比起原产地要低一些，使得买家更容易接受。建立海外仓，能增加品牌的曝光率、提升品牌效应，更有利于建设辽宁农产品的国际品牌，增加其在东盟市场的竞争力。

（四）加强企业建设，提高企业核心竞争力

现代农业的微观基础是企业，在一定程度上可以说企业成长是提升现代农业竞争力的关键所在。就辽宁省而言，与近邻山东省相比，农产品企业内部管理、技术研发等内在优势羸弱；农业资源丰富，但农产品出口企业仅作为原料供应商的处境与地位尴尬；主要出口市场面临日、俄、东盟需求持续下降的压力；劳动力资源丰富，但人力成本不断攀升等。因此，利好政策转化为企业的生产力有很长的路要走。

1. 满足客户需求，培育企业核心能力

所谓核心能力，就是创业者及团队凭借个人眼光、能力和独特资源优势，通过内外协作，形成的企业赖以生存和发展的关键能力，包括硬能力和软能力。其中硬能力包括产品能力、加工能力、研发能力、资本能力、配送能力，软能力包括服务能力、组织能力、信息能力、品牌能力、文化能力。另外，对于创业型企业，"活下来"成为企业当下的重中之重，因此，企业需要将有限的资源投入企业信息能力、产品能力、研发能力、服务能力的建设上；对于成长型企业，企业求发展的基本能力已经成了一定的积累，但面对激烈的市场竞争机遇与挑战，企业在该阶段应将资源聚焦于加工能力、配送能力、组织能力、资本能力的培育；对于成熟型企业，企业已形成了一定的企业核心能力，此时，企业不能懈怠，必须积极推进转型发展、实现成长突破，因此，信息能力、研发能力、服务能力、品牌能力、文化能力成为支撑企业转型发展的重要力量。辽宁省的农产品企业应对号入座，做好企业未来建设规划。

2. 挖掘市场需求，打造核心产业链

无论是单链条还是多链条，企业都应依据自身资源禀赋，选定主产业链，在此基础上培育企业核心能力，进而实现不断延伸产业链，最终实现"全产业链经营"。同时，企业在打造核心产业链的过程中，应基于价值链，

从低附加值的生产环节转向高附加值的营销环节和研发环节。在研产销的价值排序上，大多行业都符合微笑曲线定律。生产环节的附加值最低，营销环节和研发环节的附加值比较高。企业为了获得对产品或行业更大的掌控力，并且保持和实现自身利润增长，在制造环节积累了一定的经营管理经验和资金等实力以后，通常会沿着微笑曲线向上转移，将工作重心由农产品生产、完整配套的服务措施转向国际市场拓展计划、优质样品计划、新兴市场计划和出口信贷担保等。辽宁省的农产品企业需要打造自己的核心产业链，明确自己的核心竞争优势。

3. 形成产业链上"核心能力×"的战略，适度多元拓展

辽宁农产品出口企业要在找准自身核心能力的基础上，首先下大力气发展、巩固核心能力，维系住优质客户资源，在现有产业链上做大做强。同时，为了进一步拓展生存空间，可以向产业链上下游拓展，不断提高产品附加值；也可以借助产业链的资源优势和实际需求，向相关产业拓展延伸，不仅服务好主产业链，也为企业的进一步发展打造新名片，走产业链上"核心能力×"的发展路径。但适度多元拓展也一定要紧密围绕在核心产业链周围，一则可以利用核心产业链积累的基地、技术、客户、品牌等资源优势；二则可以借助企业在核心产业链积累的经验尽快打开局面，减少失败风险。企业以核心产业链为主轴，围绕核心产业链适度多元拓展，不仅为企业的发展谋得新的空间，也为企业健康持续成长提供了新的土壤。

此外，辽宁省相关部门可以对每年农产品出口排名靠前的企业及在农产品品牌、创新等方面做得好的企业进行奖励，以此为农产品行业建立一个标杆，鼓励并推动其他企业向优秀企业学习，不断提升企业核心竞争力，在农产品出口市场占据一席之地。

参考文献

[1] 张波，张馨月，朱明欣. "一带一路"战略背景下辽宁省农产品贸易的优势、对策及前景研究［J］. 农业经济，2018（10）：127-129.

[2] 王馨恬，王松涛. 辽宁省农产品出口面临问题及对策探析［J］. 现代经济信息，2018（2）：122-123，125.

[3] 马静. 绿色贸易壁垒对辽宁农产品出口的影响[J]. 现代商贸工业, 2018, 39（2）: 35-36.

[4] 胡旺存, 秦军. 中国与东盟农产品贸易结构现状及前景[J] 农村经济与科技, 2017, 28（2）: 62-63.

[5] 刘平青, 宋玉智, 陈广鹏. 现代农业竞争力[M]. 经济科学出版社, 2017

[6] 张微. 贸易便利化对中国—东盟农产品贸易的影响研究[D]. 南宁: 广西大学, 2016.

[7] 张颖. 辽宁省农产品出口贸易问题研究[J]. 农村经济与科技, 2015, 26（11）: 80-81, 90.

[8] 任燕. 中国——东盟农产品贸易结构分析[J]. 山东农业工程学院学报, 2014, 31（4）: 22-23.

[9] 谢思娜, 杨军, 刘合光, Orachos Napasintuwong Artachinda. 中国-东盟农产品贸易结构变化及互补性分析[J]. 湖南农业大学学报（社会科学版）, 2013, 14（2）: 10-15.

[10] 李辉, 韩晶玉. 辽宁农产品出口贸易发展的现状、问题及对策[J]. 沈阳工业大学学报（社会科学版）, 2008（4）: 309-313.

[11] 李萍. 中国与东盟农产品贸易的竞争性与互补性研究[D]. 武汉: 华中农业大学, 2006.

第五章
辽宁省对日本农产品出口市场现状、问题及应对

第1节 日本农产品市场概况

一、日本农产品供给状况分析

日本由多个小岛屿组成，陆地面积约37.79万平方公里。其地形以山地和丘陵为主，山地和丘陵占总面积的71%，平原面积狭小，耕地十分有限，人口生理密度高达2 924人/平方公里，为世界第26位（总务省统计局）。日本受其地理因素影响，资源匮乏，受地理条件影响，农产品的产品结构不丰富，大部分农产品自给率不高。

数据显示，连续七年日本粮食的自给率都在40%左右。1993年自然灾害频发导致日本全年大米收成不佳，自给率仅为37%左右，2016年全年气候湿润，对小麦等农作物生长有利，起到了促进作用，使得小麦产量大增，但由于秋刀鱼、扇贝等海产品产量下降，导致整体农产品的自给率呈现下降趋势。为此，日本当局提出将在2025年度之前把部分农产品的自给率提高至45%的目标。日本政府在不断研发能够代替进口饲料的国产大米，以此提高大米的产量，提高国际竞争力，但目前还没找到能够实现的具体措施和做法。所以，日本依旧会不断进口大米等农产品，特别是对中国来说，数量和金额也在不断提高，规模在不断扩大，然而，为了不阻碍本国农产品的发展，日本政府对猪、牛肉以及大米制定较高的标准，以此来阻碍对国外农产品的进口，从而起到能够保护本国农产品的效果，以期能提高产量和质量（如图5-1所示）。

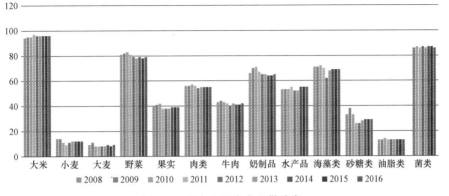

图 5-1 日本主要农产品供给率

数据来源：日本农林水产省。

根据图 5-1 可以看出，日本小麦和大麦以及油脂类产品常年供给率一直不高，大都保持在 15% 左右的水平，砂糖类产品自给率维持在 40% 左右，肉制品的自给率略高于 50%，大米和菌类的自给率相对较高。日本政府特别注重本国大米的生产，认为大米不能够完全依赖进口，这样会严重影响国民经济的发展，所以就制定了严格的关税壁垒来限制进口大米，也就导致了大米的自给率常年都处于很高的水平，并且没有任何下降的趋势。可以看出，日本的种植业自给率相对比较高，也就是说日本政府对农业种植投入大，产量也高，然而养殖业和畜牧业规模相对较小，这也说明了我国对日本畜牧业和养殖业出口潜力较大，我国可以大量出口这些产业的农产品到日本。

二、日本农产品进口状况

日本由于地理因素影响，资源匮乏，耕地面积狭小，其大部分农产品自给率不高。因此日本的主要农产品还是依赖进口。日本农产品进口状况也主要受到世界经济发展状况、日本对进口农产品的政策、日本国内 GDP 的波动以及日本人均 GDP 的波动等诸多因素的影响。

如图 5-2 所示，2002—2012 年，日本的世界农产品进口额呈现出波动上升的趋势。2006 年 5 月 29 日，日本正式实施《食品中农业化学品残留的肯定列表制度》，这一标准更加全面、系统和严格地控制食物中农业化学

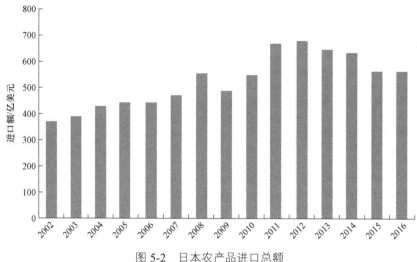

图 5-2 日本农产品进口总额

资料来源：日本农林水产省。

品的残留限量，使得当年世界出口至日本的农产品贸易额略有下降。2008年发生的全球金融危机，使世界经济遭受重创，由于危机传导的滞后性，日本农产品进口额在2009年才大幅度下降，日本农产品进口额在2009年达到波谷，贸易额为486.41亿美元。2010年日本农产品进口额开始增长迅猛，2011年日本农产品进口额已经达到了671.17亿美元。2009—2011年间日本农产品进口额的年均复合增长率达到17.47%，世界经济转好以及日本经济增长迅速，日本国内对国外农产品的需求增加以及世界农产品供给充足，使得日本农产品进口额增长迅速。2012—2016年，日本农产品进口额下降，与日本的GDP（现价美元）及人均GDP（现价美元）下降方向一致，日本农产品进口额下降的原因是日本经济不景气，日本GDP和日本人均GDP下降幅度较大，日本GDP（现价美元）从2012年的62 030亿美元减少为2016年的49 400亿美元，日本人均GDP（现价美元）从2012年的48 603美元下降到2016年的38 901美元，但是日本农产品进口额仍然处于较高水平。

如图5-3所示，日本畜产品和水产品的贸易额一直占据前两位，畜产品从2002年的73.76亿美元增加到2016年的134.9亿美元，增长率达到82.89%，年均复合增长率为4.41%。2010—2016年，畜产品的进口额是农

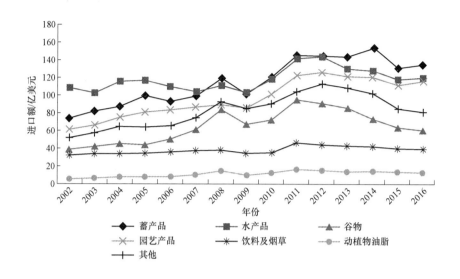

图 5-3 日本主要农产品进口总额

资料来源：日本农林水产省。

产品中最大的；水产品在 2007 年之前进口额一直处于第一位，在 2009 年至 2012 年间增长迅猛，年均复合增长率达到 12.06%，但是，自 2010 年开始进口额一直处于第二位。饮料及烟草与动植物油脂进口额一直处于最后两位，平均所占份额分别为 7.17% 与 2.12%；园艺产品，进口总额在 2012 年之前一直处于上升的趋势，在 2012 年之后，进口额保持稳定；谷物及其他农产品进口额在 2012 年之前波动上升，在 2012 年之后，这两类农产品进口额有下降的趋势。日本进口农产品主要为畜产品、水产品、园艺产品，均为劳动密集型农产品，以 2016 年为例，这三类农产品占农产品进口总额的 65.68%，这也说明日本主要进口劳动密集型农产品。

第 2 节　中国农产品日本市场现状分析

近三年间，中国对日本的年度出口总额均达到 100 亿美元，在农产品出口总额中所占份额达到 14.3%。在我国农产品对外出口的单一国家中,日本一直占据着第一大农产品出口地的位置。鉴于日本市场对我国农产品出口的重要性,探讨对日农产品出口现状具有重要意义。

一、中国对日本出口农产品种类及结构

中国出口亚洲部分国家和地区的农产品总额如图 5-4 所示。

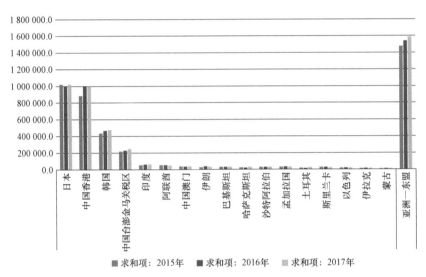

图 5-4　中国出口亚洲国家及地区农产品总额(单位:万美元)

据原中国农业部数据统计,2015 年中国农产品出口亚洲国家总额为 3 060 432.874 2 万美元,2016 年中国农产品出口总额为 3 207 007.412 5 万美元,2017 年中国农产品出口总额为 3 225 730.034 5 万美元。其中 2015 年出口日本农产品总额为 1 019 528.014 3 万美元,2016 年出口日本农产品总额为 1 004 038.701 2 万美元,2017 年出口日本农产品总额为 1 021 472.765 7 万美元。由此近三年数据可看出,中国农产品出口亚洲国家正处于稳步增长的趋势。而日本作为亚洲唯一发达国家,其农产品的进口量占到了中国出口亚洲国家的 1/3。日本的进口虽有波动,但仍然是中国目前出口量较大的国家。2002—2016 年中国农产品出口日本总额如图 5-5 所示。

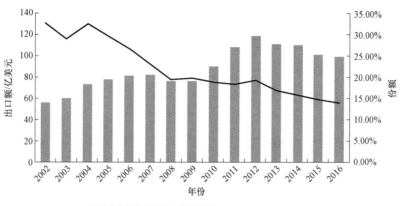

图 5-5　2002—2016 年中国农产品出口日本总额

如图 5-5 所示，中国自 2001 年加入 WTO 以来，出口至日本的农产品金额逐年攀升，说明我国加入 WTO 之后，贸易环境改善，关税壁垒被解除，我国农产品的低价使得日本对我国农产品需求增加以及我国低价农产品所带来的竞争力增强；受到 2008 年全球金融危机的影响，我国对日本的农产品出口额有所下降，但是自 2009 年开始出口额增长迅速，原因是日本经济增长迅速以及日本在 2011 年遭受严重的自然灾害，对国外农产品的需求增加；虽然自 2012 年起，我国农产品出口至日本的贸易额逐年下降，但是出口日本的农产品金额均在 100 亿美元左右。我国出口至日本市场的农产品贸易额占我国农产品出口总额的份额，除 2004 年同比增长 3.58%，2009 年同比增长 0.34% 和 2012 年同比增长 0.84% 外，其他年份的比例下降，到 2016 年时所占比例最低，仅为 13.94%，并且有进一步下降的趋势。虽然最近 6 年我国农产品出口至日本的金额在 100 亿美元左右，但是所占比例却越来越低，这也间接表明我国农产品出口的国家呈现多样化，而不是集中于单一的某国，这可以缓解我国受到日本国内农产品进口壁垒或日本对我国农产品需求下降等的不利影响。

如图 5-6 所示，中国对日本农产品的出口结构和日本对世界农产品的进口结构非常相似，贸易额处于前三位的是水产品、园艺产品和畜产品。2002—2016 年间水产品与园艺产品的出口额一直占据前两位，2016 年这两

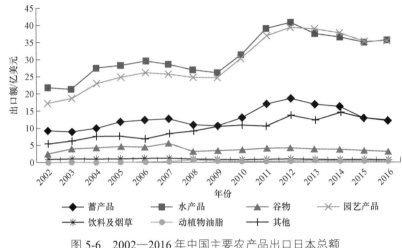

图 5-6 2002—2016 年中国主要农产品出口日本总额

类农产品占对日本农产品出口总额的比例为 35.91% 与 35.48%，说明这两类农产品在日本农产品市场上具有显著的优势，原因是我国拥有丰富的淡水和海水养殖资源并且劳动力资源丰富，在水产品和园艺产品等劳动密集型产品的出口方面具有比较优势，另一方面，我国水产品及园艺产品占对日本农产品总出口的 71.39%，出口结构单一很容易阻碍我国农产品出口的长远发展。其他农产品增长幅度较小，说明我国人均耕地面积低于世界平均水平，人均土地资源相对匮乏，从而使我国土地密集型农产品的竞争优势不明显。总的来说，水产品和园艺产品是我国出口至日本的主要农产品，畜产品和其他类农产品的出口有增长的趋势，谷物、饮料及烟草出口增长幅度较小，动植物油脂出口额最低；我国在一些劳动密集型农产品上具有优势，但是在土地密集型农产品上具有劣势。

二、中国农产品在日本市场发展趋势

近 5 年间中国农产品在日本市场的表现较为平稳。图 5-7 显示了 2012 年到 2017 年日本自中国农产品进口的变化，可以看出近 5 年间日本自中国农产品进口整体平稳，略有下降。2012 年，日本自中国进口农产品总额为 13.7 亿美元，此后几年略有下降。到 2014 年达到 19.2.3 亿美元，趋于平稳，金融危机对其出口总额影响不大，此后一直趋于平稳，到 2017 年达到 116 亿美元。

单位：万美元

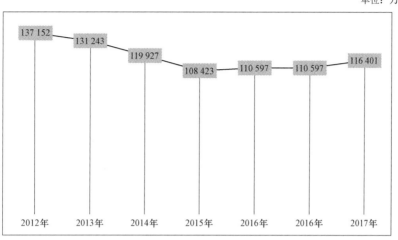

图 5-7　2012—2017 年辽宁农产品出口日本总值

数据来源：日本农业部。

从图 5-7 中可以看出，2012 至 2017 年，辽宁农产品出口日本总值趋于稳定，说明近五年出口市场趋于成熟，已经到达一个瓶颈，需要农产品出口企业不断创新及改革，寻求对日本农产出口市场新的增长点。

第 3 节　辽宁省农产品日本市场现状分析

随着现代农业的不断发展，辽宁省的农产品出口得到了巨大的发展，其在日本市场也具有较强的竞争实力。辽宁省是农产品出口大省，优越的地理位置、丰富的土地资源和水资源为农产品的生产和出口奠定了坚实的基础。从表 5-1 可以看出，辽宁省农产品出口在全国对外贸易中占有非常大的比重。2007—2017 年辽宁省农产品进出口总额从 46.91 亿美元增加到 105.6 亿美元。其中 2009 年受金融危机的影响，农产品出口出现了下滑，出口额为 30.68 亿美元。2015 年和 2016 年也连续两年出现了下滑，出口额分别为 47.9 亿美元和 45.2 亿美元，但 2017 年出现了上涨。

一、辽宁省农产品在日本市场情况

辽宁省的农产品市场依赖于日、美、欧和韩国等传统发达国家市场，目前辽宁省农产品出口示范区已达到 41 个，同时辽宁省通过在美国、韩国和加拿大启动境外展示中心来带动辽宁省农产品出口。在"一带一路"倡议背景下，辽宁省正积极推进建设以大连、营口、锦州、丹东为起点的三大通道，通过降低壁垒再加上便利的交通，必将推动辽宁省与一带一路沿线国家农产品贸易的发展。

随着现代农业的不断发展，辽宁省的农产品出口也确实得到了巨大的发展，其出口额一直位居全国前列，连续多年位居全国前五位。辽宁省主要农产品出口额 2010 年为 35.9 亿美元，截止到 2015 年，已增长到 47.9 亿美元，平均年增长 8%，约占到全国农产品出口总额的 7%～8%。

表 5-1 2010—2015 年辽宁省农产品出口与全国的对比状况

年份	2010	2011	2012	2013	2014	2015
辽宁农产品出口额/亿美元	35.90	44.22	47.76	51.27	53.38	47.91
增长速度	17%	23%	8%	7%	4%	−10%
全国农产品出口额/亿美元	488.80	601.3	625	671	713.4	701.8
占全国农产品出口比重	7%	7%	8%	8%	7%	7%

资料来源：中华人民共和国农业部。

辽宁省农产品的出口市场遍及 6 大洲的 100 多个国家和地区，但主要出口方向为亚欧和北美洲的国家与地区，相对较集中。其中由于地缘因素，亚洲市场一直都是辽宁省最大的农产品出口目标市场，约占全部农产品出口比重的 2/3。日本作为亚洲的重要消费市场，一直是辽宁省在亚洲市场的主要农产品出口去向。2012—2017 年辽宁省农产品在对日本出口上大约占到全国农产品对日本出口总量的 3%左右。结合中国农产品在日本进口市场的总体占有情况分析，辽宁省在日本农产品市场的占有率约为 0.3%。2012—2017 年辽宁省农产品对日本出口情况见表 5-2，2016 年日本进口中国农产品品类见图 5-8。

表 5-2　2012—2017 年辽宁省农产品对日本出口情况

单位：美元

2012 年	2013 年	2014 年	2015 年	2016 年	2017 年
1 371 527 549	1 312 433 307	1 199 278 773	1 084 237 670	1 105 977 949	1 164 017 864

资料来源：辽宁省农委。

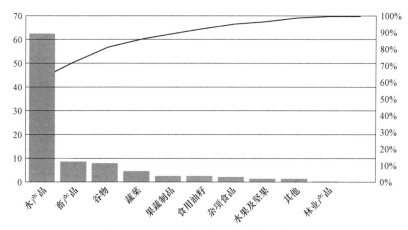

图 5-8　2016 年日本进口中国农产品品类

日本是我国的农产品第一大出口国，2016 年辽宁省农产品出口额位居靠前的 5 种商品均为初级食品，分别为水产品、畜产品、谷物、蔬菜、水果和坚果（如图 5-9 所示）。这种情况反映了辽宁农业资源禀赋和比较优势的结构特征：一方面，劳动密集型的水海产品、蔬菜和水果等农产品的生

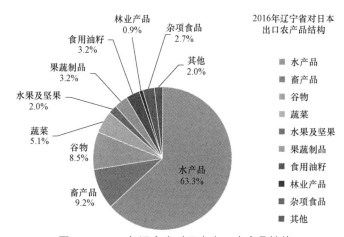

图 5-9　2016 年辽宁省对日本出口农产品结构

资料来源：日本农业部。

产优势较为明显，具有国际竞争力；另外一方面，农产品出口中初级产品优势依然明显，深加工产品出口所占份额较少。

水产品是中国对日本最主要的出口产品，出口金额为 70 000 万美元；畜牧产品出口额为 10 200 万美元，鲜干果出口额为 9 400 万美元，蔬菜的出口额为 5 630 美元。可见，中国对日本出口最主要的品类是初级产品，水产品在所有出口农产品类目中占据较大的比重。

二、辽宁省出口农产品的种类及结构

为了与日本农产品进口量保持一致的统计口径，本文从海关主要商品统计目录（HS 编码）出发，进一步结合辽宁省农产品的深加工程度和要素密集度，将农产品划分为土地密集型、劳动密集型、资源密集型和深加工农产品四大类。表 5-3 反映出了辽宁省分类农产品 2015 年的出口贸易状况，由表中可以看出。在 20 个出口产品种类当中，属劳动密集型的种类最多，占了 9 种，其次是土地密集型的，占了 7 种，然后是深加工型的和资源密集型的，分别占了 3 种和 1 种。

在辽宁省农产品的出口结构上看，辽宁省有着比较优势的土地密集型农产品如谷物和谷粉、玉米、干豆、食用油籽和大豆等，出口数量较大。借助于临海地缘优势，辽宁省的水海产品也有着较强的出口竞争优势。相比较之下，深加工农产品如烤烟、辣椒及辣椒粉、蘑菇罐头和食用植物油等出口优势薄弱，此类农产品的出口还有较大的上升空间。

表 5-3　2015 年辽宁省主要分类农产品出口情况

类别	农产品	2015 年 1—6 月出口额/亿元	比重/%
土地密集型	谷物及谷物粉	1.015 6	0.7
	稻谷和大米	0.103 4	0.1
	玉米	0.082 6	0.1
	干豆	10.628 7	7.6
	食用油籽	3.715 9	2.6
	原棉	0.064 4	0.0
	蔬菜	10.217 9	7.3

续表

类别	农产品	2015年1—6月出口额/亿元	比重/%
劳动密集型	鲜干水果及坚果	2.581 8	1.8
	鲜苹果	0.821 4	0.6
	中药材	1.490 2	1.1
	鲜冻猪肉	0.065 5	0.0
	鲜冻牛肉	0.164 7	0.1
	冻家禽肉	2.632 6	1.9
	禽蛋	0.681 4	0.5
	天然蜂蜜	0.549	0.4
	水海产品	73.194 6	52.2
资源密集型	烤烟	0.349	0.2
深加工	辣椒及辣椒粉	0.027 5	0.0
	蘑菇罐头	0.595 9	0.4
	食用植物油	1.073 6	0.8

资料来源：辽宁省农委。

从出口贸易额角度出发，2015年1—6月辽宁省农产品出口额前5位的农产品均为初级产品，分别为水海产品、粮食、蔬菜、食用油籽、肉及杂碎，分别占辽宁省该期农产品出口的52.2%、8.9%、7.3%、2.7%和2.3%。

这种状况表明，目前辽宁省出口的农产品主要集中在劳动密集型产品（如水海产品、肉类等）和土地密集型产品（如粮食、蔬菜等），这些初级产品的出口优势比较明显，也更具国际竞争力；相对而言，深加工产品出口所占份额过小，缺少高附加值的出口农产品。

三、辽宁省农产品在日本市场发展趋势

2012年至2017年，辽宁省农产品出口日本总额总体呈下降趋势，下降总额最高差为0.29亿美元。2012年，辽宁省对日本的农产品出口总额为1.37亿美元，此后连续3年出口日本总额逐年下降，到2015年出口总额为1.08亿美元，至2016年略有回升，2017年出口日本总额为1.16亿美元，如图5-10所示。

从增速分析，2012 年至 2015 年间，辽宁省对日本的农产品出口额逐年下降，呈负增长趋势，下降总额为 0.29 亿美元。2016 年至 2017 年，辽宁省对日本的农产品出口额呈上升趋势。

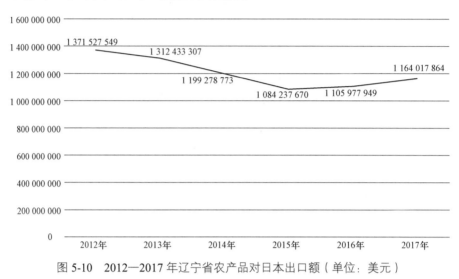

图 5-10　2012—2017 年辽宁省农产品对日出口额（单位：美元）

从整体而言，2012 至 2017 年辽宁省对日本的农产品出口额总体呈下降趋势。由于日本农产品市场的多元化发展以及日本农产品进口渠道的不断转型，日本对中国的农产品进口不断下降，加之 2015 年世界经济复苏乏力、消费需求不足的情况，辽宁省 2015 年对日本农产品出口下滑幅度更加大，这也从侧面说明辽宁省目前以初级农产品为主的农产品出口结构受宏观经济形势影响较大，抵抗风险的能力较弱，需要寻求更高的附加值，提高其不可替代性。

四、辽宁省农产品在日本市场的挑战

（一）来自国内竞争者的挑战

中国作为日本的主要农产品进口国之一，且日本作为农产品的净进口国，中国在日本市场上面临着许多其他国家的威胁和挑战。从农产品种类方面而言，中国和亚洲其他国家的农产品出口结构类似，被替代的风险较大。同时，作为一个缺乏深加工农产品的省份，辽宁省农产品在日本的农产品市场上同样面临着中国其他省份农产品出口的竞争,见图5-11。

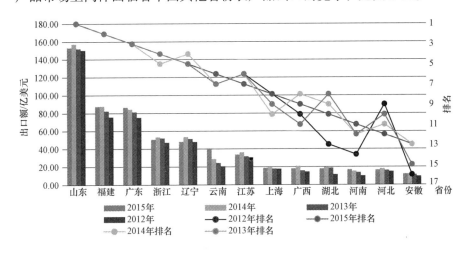

图 5-11　2012—2015 年中国农产品出口额及排名

从图 5-11 可以看出,2012、2013、2014、2015 年辽宁省农产品出口总额分别为 45.55 亿美元、47.60 亿美元、50.76 亿美元和 47.90 亿美元,2013 和 2014 年分别同比增长 4.51%、6.64%。图 5-11 显示了 2012—2015 年中国农产品出口额前 10 位的省份,从中可以发现辽宁省近 4 年农产品的出口额在第 4 位及第 5 位浮动,与浙江省相近,如 2014 年农产品出口额位于全国第 4 位,而 2015 年则被浙江省超越,成为全国第 5 位。这说明来自国内其他省份的压力是辽宁省出口农产品在日本市场上的一个重要挑战。

(二)日本市场农产品采购结构不均衡

辽宁省的农产品生产企业主要出口对象为日本、韩国的客户,其次是欧洲市场的客户。日本市场作为辽宁省农产品的主要出口地,出口农产品的产品种类已经相对比较成熟和完善,但从农产品出口规模来看,辽宁省对日本的农产品出口总体规模有限;从出口农产品的结构来看,目前辽宁农产品出口日本主要农产品类型为水产品类,水产品出口日本市场的比例占辽宁省对日本出口农产品总值的 62.52%;从供给的角度出发,辽宁省农产品对日本的出口缺乏增长动力,市场存在压缩趋势(见表 5-4)。

表 5-4　2017 年辽宁省对日本出口农产品

单位：万美元/%

品类	金额	占比
水产品	74 502.3	65.34
贝类	13 374.7	11.73
冻鱼、冻鱼片	22 624.2	19.84
干、腌鱼及鱼片	5 548.6	4.87
裙带菜、海带	13 201.2	11.58
软体鱼	12 434.4	10.91
蟹类	6 927	6.08
畜产品	13 257.4	11.63
鸡肉	11 529.2	10.11
蛋产品	652.1	0.57
天然蜂蜜	288.9	0.25
谷物	7 989.8	7.01
蔬菜	5 549.9	4.87
辣根	660.4	0.58
食用菌	380.5	0.33
蘑菇罐头	951.7	0.83
蔬菜及蔬菜其他	3 768.5	3.31
水果及坚果	3 362.5	2.95
小浆果（不含葡萄）	1 030.5	0.90
果蔬制品	2 982.1	2.62
果蔬罐头（不含蘑菇）	2 457.7	2.16
食用油籽	1 213.2	1.06
花生及花生制品	928.5	0.81
园艺植物产品	1 002.5	0.88
植物药材	542.1	0.48
杂项食品	2 839.6	2.49
其他	1 318.3	1.16
总计	114 017.6	100.00

资料来源：辽宁省农业农村厅。

（三）日本进口市场标准

受到全球经济金融市场波动的宏观经济形势影响，日本农产品消费市场整体增长较缓，同时，日本农产品进口需求也逐渐缩紧。日本作为辽宁农产品的贸易目标市场主要集中地之一，其农产品出口对日本市场的依赖程度较高，农产品出口风险加剧。此外，日本非常重视自己的农产品，对农产品的质量也制定了较为严格的标准，各项法律法规相继出台，《食品安全法》是其中最基本的法律之一，各项规定严格执行，体系完善健全，各政府分工明确，负责监管不同地方。肯定列表制度是日本厚生当局提出的一项保护政策，政策明确限制对农产品农药残留的标准，规定非常严格，包括对农药、兽药以及饲料添加剂的规定。

日本对于关税制定严格的标准，日本的关税制度分别采取了普惠税率、协定税率、暂定税率和基本税率，日本政府对农产品设定较高的关税，以期保护本国农业。日本居民劳动效率高，比我国劳动力价格高出一大截，并且日本国土面积小，有利资源比较少，所以就导致农产品的成本高，也就会使得农产品价格很高。日本对大米、小麦、玉米等农产品采取关税配额制度，规定进口一定数量的农产品，如果超过规定范围的数量就收取高额的关税税率，实行从价税和从量税的计算方法。表面上日本实行自由贸易政策，但对配额外的进口数量实行高额的关税税率，大大增加了我国出口农产品所消耗的财力，使得成本大增，也就导致我国农产品在国际上不具备竞争优势，不利于我国的国际贸易发展。

第4节　辽宁省农产品出口日本的问题、风险与应对

辽宁省作为我国的农产品出口大省，出口总额一直遥遥领先。自从2001年我国加入世贸组织以来，农产品的市场销售状态也在进一步地开放。在这种大环境下，辽宁省的出口贸易总额一直保持着较快的增长幅度。出口贸易总额也保持在每年16.3%的幅度增长。在全省的贸易总额中，农产品

出口占 8.6%到 11.2%，远远超过我国其他省份，但与第一梯队的山东省、福建省和广东省的差距较大。辽宁省出口的农产品主要为劳动密集型、资源密集型和初级加工类型，主要是依靠辽宁省优越的自然地理优势，但并未体现辽宁省的第二产业和第三产业优势，缺少深加工、高附加值、强品牌的农产品。日本一直是辽宁省出口份额的第一大国，近两年受宏观经济形势和国际农产品市场影响，辽宁省对日本农产品出口的增长逐渐放缓并且可能出现下滑甚至负增长的趋势。

从中可以看出，辽宁省农产品在对日本出口的道路上不仅不能一帆风顺，更可谓是困难重重。无论是辽宁省农产品生产和出口自身的问题，还是进入日本市场时的外部障碍，都是辽宁省需要应对的挑战。

一、缺乏了解出口农产品终端市场，产品供求信息不对称

农产品终端市场供求和多种信息的匮乏和不对称性，往往给生产者带来生产决策的盲目性和低收益性，同时也使得消费者得不到满意的产品或者付出较高的价格，而往往在农产品终端市场双向或多向传播准确、及时、全面的农产品需求信息至关重要。从辽宁省出口日本农产品的现状来看，辽宁省农产品出口种类较多，结构也比较完善，但由于缺乏深入了解日本农产品终端市场的需求情况，导致出口的农产品没有针对性，且辽宁省出口日本市场的农产品主要为初级农产品和一些传统的农产品。目前，加工企业普遍存在加工技术和设备条件不高，技术创新能力薄弱、科技含量较低、产品的附加值较低的问题。

对辽宁省的出口企业输出产品特征做出分析，其初级农产品在全部出口份额当中占有绝对比重。然而，进口产品在新鲜程度上会次于本地产品，市场竞争力不足，外加出口环节成本较高，初级农产品售价较低，出口企业的利润空间难以扩充。

应对措施：

以客户需求为导向，做好市场终端需求深入调研。辽宁省出口日本农产品市场现在出现增长瓶颈的很大一部分原因是没有做好日本终端市场的需求调研，没有深入了解终端用户的饮食需求。因此，以客户需求为导向，加大对国际上农业核心技术和先进农业设施的引进，加强农业高新技术的

研究、开发和应用，发展高科技农业企业，提高辽宁省农产品科技含量。以客户需求为基础，为农产品科技研发提供可参考性的研发方向和领域。

优化出口农产品结构，提升产品附加值。辽宁省可以结合日本市场需求及日本民众的消费习惯，按照日本市场的标准进行生产和加工，定向出口、大力发展农产品深加工产业，改变主要靠初级产品出口的不合理结构。从行业或产品层面建设相应的加工基地，实现资源整合与共享，大力发展农产品的加工、储藏、保鲜技术，实现农产品的多层次增值。所有农副产品都可以进行粗、精、深加工，分等分级，提高等级和效益，特别是对于具有辽宁省特色和优势以及加工潜力大的农产品。

二、贸易壁垒日趋严格，质量安全有待提高

中国加入 WTO 以后，发达国家不断提高进口农产品的技术标准，内容已涉及生态环境、动物福利、知识产权等多个领域，其中"绿色壁垒"是阻挡农产品出口的重要障碍，其负面效应不断放大。2006 年初，日本、欧盟、美国相继修改食品安全卫生法，大幅提高了食品、农产品的市场准入门槛，对辽宁省农产品出口造成极大的负面影响。

质量卫生问题成为扩大出口的重要障碍，长期以来，辽宁省农产品主要凭借丰富的劳动力资源和低廉的成本优势参与国际竞争。受整体农业粗放型生产模式的影响，农户片面追求产量，质量管理意识差，滥用化肥、农药、兽药的现象普遍存在，导致农产品有害物残留超标，与国际安全健康标准相比存在相当大的差距，成为农产品出口遭遇退货和贸易纠纷的主要原因。

应对措施：

强化农产品生产质量安全管理，加强标准化建设，开展国际质量认证，通过制定生产、加工、出口等环节的管理办法，建立与国际接轨的农产品安全质量及卫生标准。同时，应尽快参照国际标准制定、修改农业行业标准和国家标准，制定并实施标准农产品生产技术规程，建立标准化的生产体系，建立和健全农产品产地和产品的认证和检验检测服务体系，推动出口企业积极采用 GAP、GMP、HACCP 等国际质量管理体系，开展国际标准化组织推出的 ISO9002、ISO14000 以及日本的质量认证，实现农产品生

产加工全过程的安全有效控制。

其次,应大力发展农产品优质示范生产基地,扶持重点龙头企业,发展和保护本土农产品品牌,发展有机农业产品,实施品牌竞争战略,提高消费者的认知度和消费黏性。

三、企业单打独斗,难以形成"企业—客户"联动效应

辽宁省农业产业化总体水平与发达国家相比还有很大差距。一方面,在生产方式上,生产规模小,农业产业化程度不高,大部分农产品仍以农户生产经营为主,呈现出"小规模、大群体,小生产、大市场"的格局,出口龙头企业少,企业规模普遍小。在当今的国际经济舞台上,越来越多的企业认识到,仅做一流的制造商不能真正赢得国际市场,而要真正立足国际化市场,还需要企业真正"走出去",与日本客户形成稳定深度的合作关系。

应对措施:

积极推动农产品"走出去",引导消费者"走进来"。

现今社会的发展和信息的爆炸,使得"酒香仍怕巷子深",建设农产品品牌后仍然需要积极地进行市场营销,使其走向市场,面向消费者,提升消费者的认知度。辽宁省可以一方面充分利用各种境内外博览会、展销会、交易会、推介会,积极地"走出去",实现企业间的国际交流与合作,进一步为本省农产品开拓市场,提升知名度。通过面对面的沟通充分展示辽宁省农产品的特色,宣传辽宁省农产品的优势,提高市场影响力。另一方面可以结合目前我国迅猛发展的互联网产业,实施农产品的"互联网+"战略,例如可以通过推特、脸书等社交媒体引导并帮助日本进口企业主动了解辽宁省农产品的最新动态,进行市场调研、参展促销、宣传推介等市场开拓活动,帮助辽宁省农产品企业获取订单,结识客户,提升品牌优势,增强出口能力。

四、出口市场过分集中导致潜在风险较大

辽宁省农产品出口主要集中在日本、韩国、美国和东盟,对日本和韩国出口依存度较高。出口市场的过分狭窄,导致农产品国际市场风险相对

集中，一旦这些国家农产品进口政策发生变化，将极大影响辽宁省总体的农产品出口份额。孤木难以成林，一个企业的力量是有限的，以目前辽宁省大多数农产品企业的规模来讲，单打独斗很难在日本市场上获得一席之地。所以辽宁省的农产品企业如果想在日本市场上逐渐成长起来，需要形成一个完整的竞争团体。目前主要是以单一的农产品企业进入日本市场，面对日本进口商。这使得辽宁省的农产品出口企业需要单独面对经销商或者进口商，难以形成规模效应，也难以掌握话语权，在产品标准或是出口价格等多方面受到买方的限制，而且由于质量和包装等问题，在国际市场上无竞争力。

应对措施：

立足日本市场，积极拓展新市场和新客源。建立辽宁省农产品行业协会和辽宁驻日本办事处，及时了解和动态掌握日本及其他市场信息，加强与各个市场的客户全体联系。同时，在当前形势下，辽宁省可以促进省内农产品行业协会的建立，借助行业协会力量，团结省内的农产品生产和出口企业，整合全部力量，形成产业规模效应。一方面整体提升在日本市场上的话语权，有助于提升整体议价能力、解决国际贸易纠纷、应对国外各种技术壁垒、提供各类农产品信息等；另一方面可以防止出口市场过分集中造成贸易瓶颈。